基层党务
实用手册

《基层党务实用手册》编写组 ◎ 主编

人民东方出版传媒
People's Oriental Publishing & Media
東方出版社
The Oriental Press

图书在版编目（CIP）数据

基层党务实用手册 /《基层党务实用手册》编写组主编 . -- 北京：东方出版社，2025. 6. --ISBN 978-7-5207-4421-8

Ⅰ. D267-62

中国国家版本馆 CIP 数据核字第 2025PP0836 号

基层党务实用手册

JICENG DANGWU SHIYONG SHOUCE

主　　编：《基层党务实用手册》编写组
责任编辑：张永生
责任校对：蔡晓颖
出　　版：东方出版社
发　　行：人民东方出版传媒有限公司
地　　址：北京市东城区朝阳门内大街 166 号
邮　　编：100010
印　　刷：三河市龙大印装有限公司
版　　次：2025 年 6 月第 1 版
印　　次：2025 年 6 月北京第 1 次印刷
开　　本：880 毫米 ×1230 毫米　1/32
印　　张：12.5
字　　数：210 千字
书　　号：ISBN 978-7-5207-4421-8
定　　价：59.00 元
发行电话：（010）85924663　85924644　85924641

前　言

党务工作是党内各项事务和活动的统称。具体来说，党的工作机关的事务工作，统称为党务工作。党的工作机关主要包括党委办公厅（室）、职能部门、办事机构和派出机关。党的职能部门主要包括组织部、宣传部、党校、政策研究室、统战部、社会工作部、金融工委、对外联络部和企业的党群工作部等；党委办事机构，如政策研究室；党委派出机关，如党工委、党组等。这些单位的党内事务工作，如组织工作、宣传工作、纪检工作、干部工作、统战工作、群众工作、政策研究工作、党内选举工作、会议工作、办公室及数字文书档案工作等，都属于党务工作。从事这些工作的同志，统称为党务干部。而这些单位的业务工作，又属于党的各项建设范畴。如组织部的业务，属于党的组织建设，宣传部和党校的业务工作，多属于党的思想建设范畴。机关党委主要负责机关基层党组织建设。

而各级党委、党组的工作，统称为党的领导工作。纪检委的业务工作，属于作风建设、纪律建设和反腐败斗争范畴。基层党委、党总支、党支部班子内设的组织委员、宣传委员、纪检委员的党内事务工作，亦称党务工作，而其业务工作则属于基层党组织建设和基层党组织工作范畴。

把全党 9900 多万名党员、500 多万个基层党组织组织起来、充分调动起来，创造性开展各项工作，需要强大的党务工作和党务工作者队伍。党的力量来自组织，来自充满生机活力而富有创造性的党务工作。党务工作是加强党的领导和建设，开展党的工作与活动，贯彻执行党的路线方针政策，处理党的日常事务等的重要保证。

本书依据党的二十大以及二十届二中、三中全会精神和习近平总书记关于党务工作的系列重要讲话精神，紧密结合广大基层党组织和党务工作者的工作实践，将党务工作基本知识进行了梳理、分类和汇总，共分党的组织工作，党的基层组织建设，党的基层组织选举工作，发展党员工作，党员教育管理工作，党的干部工作，党务公开和党费收缴，党的纪律处分工作和党内监督问责工作，党的宣传、思想政治、政法、群众、统战工作，党徽党旗和党内表彰工作等 11 个部分，全面深入介绍新时代关于党务工作的政策文件、指导思想、重要理念、基本原则、科学方法、工作流程、操作规程、实用技巧和注意事项等，贯穿新时代党务工作的全过程和各方面，是广大党务工作者提高工作能力、全面练好内功，做好新时代党务工作的工作指南，是供党务工作者随时翻阅参考、既实用又常用的常备工具书。

目　录

第三章 党的基层组织选举工作 53

第十一章 党务工作常用文书写作 283

第一章

党的组织工作

1. 什么是党的组织工作？

党的组织工作是以党的组织体系建设、领导班子和干部队伍建设、人才队伍建设、党员队伍建设为主要内容的实践活动，是巩固党的执政基础、实现党的全面领导、完成党的全部工作的重要保证，是党领导人民不断夺取革命、建设、改革胜利的独特优势。

2. 党的组织工作的指导思想是什么？

党的组织工作坚持以马克思列宁主义、毛泽东思想、邓小平理论、“三个代表”重要思想、科学发展观、习近平新时代中国特色社会主义思想为指导，增强“四个意识”、坚定“四个自信”、做到“两个维护”，以加强党的长期执政能力建设、先进性和纯洁性建设为主线，以党的政治建设为统领，以组织体系建设为重点，着力培养忠诚干净担当的高素质干部，着力集聚爱国奉献的各方面优秀人才，充分发挥基层党组织战斗堡垒作用和党员先锋模范作用，为坚持和加强党的全面领导、坚持和发展中国特色社会主义提供坚强组织保证。

3. 党的组织工作的原则是什么？

《中国共产党组织工作条例》规定，党的组织工作应遵循以下原则：

（1）坚持党的全面领导。

（2）坚持组织路线服务政治路线。

（3）坚持民主集中制。

（4）坚持党的群众路线。

（5）坚持党管干部、党管人才。

（6）坚持德才兼备、以德为先、任人唯贤。

（7）坚持党的组织和党的工作全覆盖。

（8）坚持实事求是、公道正派。

（9）坚持依法依规、科学规范。

4. 党的组织工作的领导体制是什么？

（1）组织工作实行党中央集中统一领导，各级党委（党组）分级分类领导，组织部门专门负责，有关方面各司其职、密切配合的领导体制。党中央以及地方党委设置组织部，各级党政机关、人民团体、国有企业和事业单位党组织设置组织工作机构或者专职工作岗位，专门负责组织工作。中央组织部指导各级组织部门工作，上级组织部门指导下级组织部门工作。

（2）党中央决定组织工作路线方针政策，制定组织工作重要党内法规和规范性文件，对组织工作重大战略、重大改革、重大举措、重大事项作出决策，全面领导党的组织体系建设、干部工作、人才工作，按照有关规定推荐、提名、任免干部。党中央一般每 5 年召开 1 次全国组织工作会议，对一个时期的组织工作作出全面部署。

5. 新时代党的组织路线是什么？

新时代党的组织路线是全面贯彻习近平新时代中国特色社会主义思想，以组织体系建设为重点，着力培养忠诚干净担当的高素质干部，着力集聚爱国奉献的各方面优秀人才，坚持德才兼备、以德为先、任人唯贤，为坚持和加强党的全面领导、坚持和发展中国特色社会主义提供坚强组织保证。新时代党的组织路线是理论的也是实践的，要在推进党的建设新的伟大工程、落实全面从严治党的实践中切实贯彻落实。

6. 什么是党的全国代表大会？

党的全国代表大会和它所产生的中央委员会是党的最高领导机关。党的全国代表大会每5年举行一次，由中央委员会召集。每一次党代会的召开，都是统一思想、凝聚力量的过程。党的全国代表大会制度的发展和完善，为党和国家事业发展、实现中华民族伟大复兴提供了坚实的制度保障。定期召开的党的全国代表大会已成为影响中国和世界的一件大事。中国共产党诞生以来，以自强不息的奋斗深刻影响了世界历史发展进程，所开辟的中国式现代化道路、所创造的人类文明新形态、所倡导的构建人类命运共同体理念，为解决人类重大问题贡献了中国智慧、中国方案、中国力量。在新时代，党的全国代表大会所作出的决策、所组建的领导力量、所擘画的蓝图大计，已成为国际社会观察、认识当代中国共产党的重要途径。

7. 党的全国代表大会的职权是什么？

党的全国代表大会有6项职权：

（1）听取和审查中央委员会的报告。

（2）审查中央纪律检查委员会的报告。

（3）讨论并决定党的重大问题。

（4）修改党的章程。

（5）选举中央委员会。

（6）选举中央纪律检查委员会。

8. 什么是党的全国代表会议？

党的全国代表会议是中央委员会根据工作需要召开的一种不定期的代表会议，讨论和决定需要及时解决的重大问题。党的历史上曾召开过 3 次全国代表会议：1937 年苏区代表会议、1955 年全国代表会议、1985 年全国代表会议。

9. 党的全国代表会议的职权是什么？

党的全国代表会议的职权是讨论和决定重大问题；调整和增选中央委员会、中央纪律检查委员会的部分成员。调整和增选中央委员及候补中央委员的数额，不得超过党的全国代表大会选出的中央委员及候补中央委员各自总数的 1/5。

10. 什么是中共中央委员会？

中国共产党中央委员会是由党的全国代表大会选举产生的党的核心权力机构，由委员和候补委员组成，每届任期5年。

在党的全国代表大会闭会期间，中央委员会领导党的全部工作，对外代表中国共产党。

中央委员会、中央政治局、中央政治局常务委员会是党的组织体系的大脑和中枢，在推进中国特色社会主义事业中把方向、谋大局、定政策、促改革。涉及全党全国性的重大方针政策问题，只有党中央有权作出决定和解释。

在党的全国代表大会闭会期间，中央委员会执行全国代表大会的决议，行使以下职权：

（1）召集全国代表大会，决定全国代表大会代表的名额和选举办法；讨论中央委员会向全国代表大会的报告、中央纪律检查委员会向全国代表大会的报告、党章修正案，并决定提请全国代表大会审查和审议。必要时决定召开党的全国代表会议，决定全国代表会议代表的名额和产生办法。

（2）选举产生中央领导机构和中央委员会总书记，通过中央书记处成员，决定中央军事委员会组成人员，批准中央纪律检查委员会全体会议选举产生的常务委员会和书记、副书记；增选、增补中央领导机构成员，增补中央书记处成员、中央军事委员会组成人员。

（3）听取和讨论中央政治局工作报告。

（4）讨论和决定关系党和国家事业发展全局的重大问题。

（5）讨论决定国家主席、副主席推荐人选，全国人大常委会、国务院、全国政协、中央军事委员会、国家监察委员会、最高人民法院、最高人民检察院领导人员推荐人选。

（6）决定递补中央委员会委员；决定或者追认给以中央委员会委员、候补委员撤销党内职务、留党察看或者开除党籍的处分。

（7）讨论和决定党治国理政、管党治党中其他重大问题和事项。

中央委员会全体会议闭会期间，中央委员会的职权由中央政治局和它的常务委员会行使。

11. 什么是中共中央政治局？

中国共产党中央委员会政治局是忠实执行中国共产党全国代表大会通过的路线方针政策、忠实执行中央委员会全体会议决议的中共中央组织和领导机构的重要组成部分。其办事机构为中央书记处。

中央政治局由中央委员会全体会议选举。中央政治局和它的常务委员会在中央委员会全体会议闭会期间，行使中央委员会的职权。

12. 中共中央政治局行使哪些职权?

中共中央政治局贯彻执行全国代表大会和中央委员会的决议、决定，向中央委员会全体会议报告工作，接受监督，行使以下职权：

（1）召集并主持中央委员会全体会议，研究决定提请中央委员会全体会议审议的问题和事项。

（2）讨论和决定关系党和国家事业发展全局的重大问题和事项。

（3）中央委员会全体会议闭会期间，决定给以中央委员会委员、候补委员撤销党内职务、留党察看或者开除党籍的处分，待召开中央委员会全体会议时予以追认；决定开除严重触犯刑律的中央委员会委员、候补委员党籍。

（4）按照有关规定推荐、提名、任免干部，决定对有关党的领导干部的处理处分事项。

（5）研究决定其他应当由中央政治局决定的重大问题和事项。

13. 什么是中共中央政治局常务委员会?

中国共产党中央委员会政治局常务委员会是忠实执行

中国共产党全国代表大会通过的路线方针政策、忠实执行中央委员会全体会议决议的中共中央组织和领导机构的重要组成部分。其办事机构为中央书记处。

中国共产党中央委员会政治局常务委员会，由中央委员会全体会议选举。中央委员会总书记必须从中央政治局常务委员会委员中产生。中央政治局和它的常务委员会在中央委员会全体会议闭会期间，行使中央委员会的职权。

14. 中共中央政治局常务委员会行使哪些职权？

中央政治局常务委员会贯彻执行全国代表大会和中央委员会的决议、决定，组织实施中央政治局制定的方针政策，行使以下职权：

（1）处理党中央日常工作。

（2）研究讨论关系党和国家事业发展全局的重大问题和事项并提出意见，提交中央政治局审议。

（3）研究决定党和国家工作中的重大问题和事项。

（4）对重大突发性事件作出处置决定和工作部署。

（5）听取中央书记处工作报告和中央纪律检查委员会（国家监察委员会）、全国人大常委会党组、国务院党组、全国政协党组、最高人民法院党组、最高人民检察院党组等的工作汇报。

（6）按照有关规定推荐、提名、任免干部；决定对有关党的领导干部的处理处分事项。

（7）研究决定其他应当由中央政治局常务委员会决定的重大问题和事项。

15. 中共中央委员会总书记如何产生？

中国共产党中央委员会总书记，简称“中共中央总书记”，是自 1982 年党的十二大以来中国共产党中央的最高领导职务。《中国共产党章程》规定：“中央委员会总书记负责召集中央政治局会议和中央政治局常务委员会会议，并主持中央书记处的工作。”党的中央委员会总书记，由中央委员会全体会议选举。中央委员会总书记必须从中央政治局常务委员会委员中产生。

16. 什么是中共中央书记处？

中国共产党中央委员会书记处，简称“中共中央书记处”，是中国共产党中央委员会处理日常工作的组织领导机构，是中央政治局和它的常务委员会的办事机构。其工作由中央委员会总书记主持。其成员由中央政治局常务委员会提名，中央委员会全体会议通过。

中央委员会总书记主持中央书记处的工作。中央书记处根据中央政治局、中央政治局常务委员会和中央委员会总书记的指示安排开展工作。

17. 中共中央纪律检查委员会如何选举产生?

党的中央纪律检查委员会（简称“中央纪委”或“中纪委”）由党的全国代表大会选举产生，每届任期和党的中央委员会任期相同。党的中央纪律检查委员会全体会议选举常务委员会和书记、副书记，并报党的中央委员会批准。

18. 中共中央纪律检查委员会委员的职责是什么?

中共中央纪律检查委员会委员应当认真履行以下职责：

（1）参加中央纪委全体会议，积极发表意见、提出建议。

（2）在纪律检查机关担负具体工作的委员，应当模范履行岗位职责，高质量完成所承担的纪律检查工作。

（3）未在纪律检查机关担负具体工作的委员，应当支持和帮助本地区、本部门、本单位纪律检查机关开展工作；了解所在地区、部门、单位党组织和党员领导干部遵守党章党规党纪、贯彻落实党中央决策部署等情况，提出意见建议，重要问题及时向中央纪委常委会反映。

（4）对中央纪委的工作以及中央纪委常委、其他中央纪委委员进行监督。

（5）承担中央纪委安排的其他任务。

19. 什么是中共中央军事委员会?

中国共产党中央军事委员会是中国共产党领导下的最高军事领导机构，简称“中共中央军委”。其主要职能是：直接领导全国武装力量。其组成人员由中国共产党中央委员会决定。

党的中央军委由主席、副主席、委员组成，实行主席负责制。中国人民解放军的党组织，根据中央委员会的指示进行工作。中央军事委员会负责军队中党的工作和政治工作，对军队中党的组织体制和机构作出规定。

20. 什么是党的地方各级代表大会?

党的地方各级代表大会包括党的省、自治区、直辖市的代表大会，设区的市和自治州的代表大会，县（旗）、自治县、不设区的市和市辖区的代表大会，每 5 年举行 1 次。

党的地方各级代表大会由同级党的委员会召集。在特殊情况下，经上一级党的委员会批准，可以提前或延期举行。延长期限不得超过 1 年。

21. 党的地方各级代表大会有哪些职权?

党的地方各级代表大会的职权是:

(1)听取和审查同级委员会的报告。

(2)审查同级纪律检查委员会的报告。

(3)讨论本地区范围内的重大问题并作出决议。

(4)选举同级党的委员会,选举同级党的纪律检查委员会。

党的地方各级代表大会还有权选举出席上级党代表大会或党代表会议的代表。

22. 党的地方各级委员会任期有哪些规定?

党的省、自治区、直辖市、设区的市和自治州的委员会,每届任期 5 年。这些委员会的委员和候补委员必须有 5 年以上的党龄。

党的县(旗)、自治县、不设区的市和市辖区的委员会,每届任期 5 年。这些委员会的委员和候补委员必须有 3 年以上的党龄。

党的地方各级代表大会如提前或延期举行,由它选举的委员会的任期相应地改变。

23. 地方党委的主要职责是什么？

党的地方委员会在党代表大会闭会期间，执行上级党组织的指示和同级党代表大会的决议、决定，领导本地区的工作。党的地方委员会应当通过召开全会的方式履行以下职责：

（1）制定贯彻执行党中央和上级党组织决策部署以及同级党代表大会决议、决定的重大措施。

（2）讨论和决定本地区经济社会发展战略、重大改革事项、重大民生保障等经济社会发展重大问题。

（3）讨论和决定本地区党的建设方面的重大问题，审议通过重要党内法规或者规范性文件。

（4）决定召开同级党代表大会或者党代表会议，并对提议事项先行审议、提出意见。

（5）听取和审议常委会工作报告或者专项工作报告。

（6）选举书记、副书记和常委会其他委员，通过同级党的纪律检查委员会全体会议选举产生的书记、副书记和常委会其他委员。

（7）决定递补党委委员，批准辞去或者决定免去党委委员、候补委员，决定改组或者解散下一级党组织，决定或者追认给予党委委员、候补委员撤销党内职务以上党纪处分。

（8）研究讨论本地区行政区划调整以及有关党政群机构设立、变更和撤销方案。

（9）对常委会提请决定的事项或者应当由全会决定的其他重要事项作出决策。

24. 什么是党的地方各级纪律检查委员会？

党的地方各级纪律检查委员会由同级党的代表大会选举产生，每届任期和同级党的委员会任期相同。党的地方各级纪律检查委员会全体会议，选举常务委员会和书记、副书记，并由同级党的委员会通过，报上级党的委员会批准。上级党的委员会可以根据工作需要，在下级党的代表大会闭会期间，调动、任免下级纪律检查委员会书记、副书记。

党的地方各级纪律检查委员会在同级党的委员会和上级纪律检查委员会双重领导下进行工作。

25. 党的地方各级纪律检查委员会的职权有哪些？

党的地方各级纪律检查委员会通过召开全体会议的方式行使以下职权：

（1）制定贯彻落实党中央决策部署以及中央纪委工作部署，同级党的代表大会和党委决议决定、上级纪委工作要求的重大措施。

（2）听取和审议常务委员会工作报告。

（3）选举常务委员会和书记、副书记。

（4）讨论和决定管辖范围内纪检监察工作的重大问题、重大事项。

（5）按照权限审议规范性文件。

（6）决定或者追认给予本级纪委委员撤销党内职务以上处分。

（7）研究决定常务委员会提请决定的事项或者应当由全体会议决定的其他重要事项。

26. 什么是党员（代表）大会？

党员大会是指由党的基层委员会、总支部委员会或者支部委员会（党支部书记）召集的，由基层组织全体党员参加的会议。根据《中国共产党基层组织选举工作条例》规定，党的基层组织设立的委员会一般由党员大会选举产生。

党员代表大会是党的各级组织包括中央组织、地方各级组织和部分基层组织讨论、决定党的重大问题和选举党的领导机关的会议。

党员人数在 500 名以上或者所辖党组织驻地分散的，经上级党组织批准，可以召开党员代表大会。

党员代表大会或者党员大会进行选举时，有选举权的到会人数不少于应到会人数的 4/5，选举方才有效。

27. 什么是党的基层组织？

党的基层组织主要是指在企业、农村、机关、学校、医院、科研院所、街道社区、社会组织、人民解放军连队和其他基层单位成立的党组织。党的基层组织，根据工作需要和党员人数，经上级党组织批准，分别设立党的基层委员会、总支部委员会、支部委员会。

28. 什么是党的基层委员会？

党的基层委员会简称“基层党委”，是党的基层组织的形式之一。一般情况下，党员 100 人以上的，设立党的基层委员会；党员不足 100 人的，因工作需要，经上级党组织批准，也可以设立党的基层委员会。党的基层委员会下面可以设若干党总支或党支部。基层委员会由党员大会或党员代表大会选举产生。

29. 什么是党的总支部委员会？

党的总支部委员会简称“党总支”，是党的基层组织的形式之一。一般情况下，有党员 50 人以上不足 100 人的基层单位，设立党的总支部委员会；党员人数不足 50 人的，确因工作需要，经上级党组织批准，也可以设立党的总支部委员会。

党的总支部委员会下面可以设若干党支部。党的总支部委员会由党员大会选举产生。党的总支部委员会设纪律检查委员。

30. 什么是党的支部委员会？

党的支部委员会简称“党支部”，是党的基层组织的形式之一。根据党章规定，一般情况下，凡是有正式党员 3 人以上的基层单位，都应当成立党支部。

党的支部委员会由党员大会选举产生。党的支部委员会设纪律检查委员。

党支部委员会是党支部日常工作的领导机构。党支部委员会会议一般每月召开 1 次，根据需要可以随时召开，对党支部重要工作进行讨论、作出决定等。党支部委员会会议须有半数以上委员到会方可进行。重要事项提交党员大会决定前，一般应当经党支部委员会会议讨论。

31. 什么是党的基层纪律检查委员会？

党的基层纪律检查委员会由党员大会或者党员代表大

会选举产生。党的基层委员会是设立纪律检查委员会，还是设立纪律检查委员，由它的上一级党组织根据具体情况决定。党的总支部委员会和支部委员会设纪律检查委员。

党的基层纪律检查委员会在同级党的委员会和上级纪律检查委员会双重领导下进行工作。

32. 什么是党组性质党委?

党组性质党委是指党在对下属单位实行集中统一领导的国家工作部门和有关单位的领导机关中设立的领导机构，在本单位、本系统发挥领导作用。

党组性质党委，由上级党组织直接批准设立，不同于由选举产生的地方党委和基层党委。

下列国家工作部门和单位经批准，可以设立党组性质党委：

（1）对下属单位实行集中统一领导的国家工作部门。

（2）根据中央授权对有关单位实行集中统一领导的国家工作部门。

（3）政治要求高、工作性质特殊、系统规模大的国家工作部门。

（4）对下级单位实行垂直管理的国家工作部门。

（5）金融监管机构。

（6）中管金融企业。

地方国家机关设立党组性质党委，一般应当同中央国家机关对应。

33. 什么是派驻纪检监察组？

党的中央纪律检查委员会、国家监察委员会、地方各级纪律检查委员会与监察委员会向同级党和国家机关全面派驻纪检监察组，按照规定可以向国有企业、事业单位等其他组织和单位派驻纪检监察组。

派驻机构是派出它的党的纪律检查委员会监察委员会的组成部分，由派出机关直接领导、统一管理。

34. 什么是党的工作机关？

党的工作机关是党实施政治、思想和组织领导的政治机关，是落实党中央和地方各级党委决策部署，实施党的领导、加强党的建设、推进党的事业的执行机关，主要包括办公厅（室）、职能部门、办事机构和派出机关。

35. 党的工作机关开展工作应当遵循哪些原则？

党的工作机关开展工作应当遵循以下原则：

（1）坚持加强党的领导，坚决维护党中央权威。

（2）坚持党的政治路线、思想路线、组织路线、群众路线。

（3）坚持贯彻民主集中制，增强党的团结统一和机关工作活力。

（4）坚持各司其职、相互配合，确保党的各项工作协调一致、协同推进。

（5）坚持全面从严治党、依规治党，依照党章党规履行职责。

（6）坚持在宪法法律范围内活动，支持同级国家机关和其他组织依法依章程开展工作。

36. 党的工作机关设立有哪些要求？

党的工作机关的设立，应当适应加强党的领导和党的建设的需要，遵循精简、统一、效能原则，实行总量控制和限额管理。

根据工作需要，党的工作机关可以与职责相近的国家机关等合并设立或者合署办公。合并设立或者合署办公仍由党委主管。

严格控制议事协调机构常设办事机构的设立。议事协调机构负责的事项，可以交由现有工作机关牵头协调或者建立协调配合机制解决的，不另设常设办事机构。

37. 党的工作机关应当履行的职责是什么？

党的工作机关应当职责明确、权责一致，其职责一般依据党章党规确定，具体职责由有关职能配置、内设机构、人员编制规定予以明确。应当由党委履行的职责，党委不得将其授予工作机关。党的工作机关应当履行以下职责：

（1）坚决贯彻落实党的理论和路线方针政策以及党委决策部署，确保政令畅通。

（2）研究部署职责范围内的工作，按照规定制发党内法规和规范性文件，抓好组织实施和督促落实。

（3）当好党委参谋助手，及时报告有关情况、反映问题、提出意见建议，为党委决策提供服务。

（4）抓好机关党的建设工作，加强对本单位群团工作的领导。

（5）承办党委和上级工作机关交办的有关事项。

38. 什么是党组？

党组是党在中央和地方国家机关、人民团体、经济组织、文化组织和其他非党组织的领导机关中设立的领导机构，在本单位发挥领导作用，是党对非党组织实施领导的重要组织形式。

39. 党组应如何设立?

中央和地方国家机关、人民团体、经济组织、文化组织和其他非党组织的领导机关中，有党员领导成员 3 人以上的，经批准可以设立党组。

下列单位一般应当设立党组：

（1）县级以上人大常委会、政府、政协、法院、检察院。

（2）县级以上政府工作部门、派出机关（街道办事处除外）、直属事业单位。

（3）县级以上工会、妇联等人民团体。

（4）中管企业。

（5）县级以上政府设立的有关管委会的工作部门。

（6）其他有必要设立党组的单位。

下列单位经党中央批准，可以设立党组：

（1）全国性的重要文化组织、社会组织。

（2）其他需要设立党组的单位。

下列单位一般不设立党组：

（1）领导机关中的党员领导成员不足 3 人的。

（2）与党的机关合并设立或者合署办公的。

（3）由党的机关代管或者管理等并纳入党的机关序

列的。

（4）县级以上政府直属事业单位以外的其他事业单位。

（5）共青团组织。

（6）中管企业的下属企业，地方国有企业。

（7）地方文化组织、社会组织。

市级以上人大常委会、政府、政协，应当设立机关党组。县级人大常委会、政府、政协根据工作需要，可以设立机关党组。人大常委会、政府、政协设立机关党组的，其办公厅（室）不再设立党组。

下列单位经批准，可以设立分党组：

（1）国务院有关部门的派出机构。

（2）具有行业、系统管理需要的国务院有关直属事业单位、中央一级有关人民团体的下属单位。

（3）省级以上人大、政协的专门委员会。

（4）市级以上法院、检察院的派出机构。

设立分党组的单位，其下属单位不再设立分党组。

党组的设立，应当由党中央或者本级地方党委审批。有关管委会的工作部门设立党组，由本级党委授权管委会党工委审批。党组不得审批设立党组。

分党组的设立，由党组报本级党委组织部门审批。

新成立的有关单位符合设立党组条件的，党中央或者本级地方党委可以根据需要作出设立党组的决定，也可以由需要设立党组的单位或者其上级主管部门党组织提出设立申请，由党中央或者本级地方党委审批。

第二章

党的基层组织建设

1. 新时代党的建设总要求是什么？

新时代党的建设总要求是坚持和加强党的全面领导，坚持党要管党、全面从严治党，以加强党的长期执政能力建设、先进性和纯洁性建设为主线，以党的政治建设为统领，以坚定理想信念宗旨为根基，以调动全党积极性、主动性、创造性为着力点，全面推进党的政治建设、思想建设、组织建设、作风建设、纪律建设，把制度建设贯穿其中，深入推进反腐败斗争，不断提高党的建设质量，把党建设成为始终走在时代前列、人民衷心拥护、勇于自我革命、经得起各种风浪考验、朝气蓬勃的马克思主义执政党。

党的二十届三中全会指出："聚焦提高党的领导水平和长期执政能力，创新和改进领导方式和执政方式，深化党的建设制度改革，健全全面从严治党体系。"

2. 党的基层组织的基本任务是什么？

党章规定，党的基层组织的基本任务包括以下内容：

（1）宣传和执行党的路线、方针、政策，宣传和执行党中央、上级组织和本组织的决议，充分发挥党员的先锋模范作用，积极创先争优，团结、组织党内外的干部和群众，努力完成本单位所担负的任务。

（2）组织党员认真学习马克思列宁主义、毛泽东思想、邓小平理论、“三个代表”重要思想、科学发展观、习近平新时代中国特色社会主义思想，推进“两学一做”学习教育、党史学习教育常态化制度化，学习党的路线、方针、政策和决议，学习党的基本知识，学习科学、文化、法律和业务知识。

（3）对党员进行教育、管理、监督和服务，提高党员素质，坚定理想信念，增强党性，严格党的组织生活，开展批评和自我批评，维护和执行党的纪律，监督党员切实履行义务，保障党员的权利不受侵犯。加强和改进流动党员管理。

（4）密切联系群众，经常了解群众对党员、党的工作的批评和意见，维护群众的正当权利和利益，做好群众的思想政治工作。

（5）充分发挥党员和群众的积极性创造性，发现、培养和推荐他们中间的优秀人才，鼓励和支持他们在改革开放与社会主义现代化建设中贡献自己的聪明才智。

（6）对要求入党的积极分子进行教育和培养，做好经常性的发展党员工作，重视在生产、工作第一线和青年中发展党员。

（7）监督党员干部和其他任何工作人员严格遵守国家法律法规，严格遵守国家的财政经济法规和人事制度，不得侵占国家、集体和群众的利益。

（8）教育党员和群众自觉抵制不良倾向，坚决同各种违纪违法行为作斗争。

基层党组织应该围绕以上基本任务开展工作，推动经济社会的发展。

3. 基层党组织的成立程序是什么？

根据党员人数和工作需要，成立新的基层党组织的，一般由基层单位提出申请，由上级党组织召开会议研究决定并批复。根据工作需要，上级党组织可以直接作出在基层单位成立基层党组织的决定。

上级党组织审批同意或作出成立基层党组织的决定后，一般情况下，由基层单位召开党员大会或党员代表大会，选举产生党的基层委员会、总支部委员会、支部委员会或不设支部委员会的党支部书记、副书记。批复和选举结果报上级党委组织部门备案。

根据上级党组织批复成立基层党组织的决定，新成立基层党组织按照以下两种情形分别做好选举工作：一种是上级党组织批复成立基层党组织时，仅明确委员会组成人员有关职数的，可由上级党组织指定一名党员牵头负责党组织选举筹备工作，由其召集全体党员或党员代表，集体研究决定有关选举的重要事项，报上级党组织审批。另一种是上级党组织批复成立基层党组织时，明确了委员会组成人员职数以及书记、副书记或常委的，由书记主持召开党委常委会或党委扩大会或党员大会等，集体研究决定有关选举的重要事项，报上级党组织审批。比如，研究代表名额及构成、委员名额及提名原则等。选举工作的具体组织实施，按《中国共产党基层组织选举工作条例》规定办理。新成立的基层党组织应及时召开党员大会或者党员代表大会进行选举。暂不具备选举条件的，也应在 1 年内进行。

4. 如何设置党的基层委员会？

党员人数超过 100 名的基层单位，经上级党组织批准，可成立党的基层委员会。党的基层委员会一般设委员 5 至 9 人，其中设书记 1 人，副书记 1 至 2 人。基层党委一般不设常务委员会，少数大型厂矿企业、规模大的高等院校等单位，党员人数比较多，为便于开展工作，经上级党组织批准，可以设立常务委员会，设立常务委员会的党的基层委员会，一般设委员 15 至 21 人，常务委员 5 至 7 人。

5. 如何设置党的总支部委员会?

党员人数超过 50 名的基层单位，经上级党组织批准，可成立党的总支部委员会。党的总支部委员会一般设委员 3 至 5 人，最多不超过 9 人，其中设书记 1 人，副书记 1 人。

6. 如何设置党的支部委员会?

党支部设置一般以单位、区域为主，以单独组建为主要方式。企业、农村、机关、学校、医院、科研院所、街道社区、社会组织、人民解放军连队和其他基层单位，凡是有正式党员 3 人以上的，都应当成立党支部。正式党员人数超过 3 名、不足 50 名的基层单位，经上级党组织批准，可成立党支部。正式党员不足 3 名的，可与邻近单位的党员联合组成党支部。其中，党员人数超过 7 名的党支部应设立支部委员会。支部委员会一般设委员 3 至 5 人，最多不超过 7 人，其中设书记 1 人，必要时增设副书记 1 人；党员人数不足 7 名的只设书记 1 名，必要时增设副书记 1 名。

7. 党支部的基本任务是什么？

（1）宣传和贯彻落实党的理论和路线方针政策，宣传和执行党中央、上级党组织及本党支部的决议。讨论决定或者参与决定本地区本部门本单位重要事项，充分发挥党员先锋模范作用，团结组织群众，努力完成本地区本部门本单位所担负的任务。

（2）组织党员认真学习马克思列宁主义、毛泽东思想、邓小平理论、“三个代表”重要思想、科学发展观、习近平新时代中国特色社会主义思想，推进“两学一做”学习教育、党史学习教育常态化制度化，学习党的路线方针政策和决议，学习党的基本知识，学习科学、文化、法律和业务知识。做好思想政治工作和意识形态工作。

（3）对党员进行教育、管理、监督和服务，突出政治教育，提高党员素质，坚定理想信念，增强党性，严格党的组织生活，开展批评和自我批评，维护和执行党的纪律，监督党员切实履行义务，保障党员的权利不受侵犯。

加强和改进流动党员管理。关怀帮扶生活困难党员和老党员。做好党费收缴、使用和管理工作。依规稳妥处置不合格党员。

（4）密切联系群众，向群众宣传党的政策，经常了解群众对党员、党的工作的批评和意见，了解群众诉求，维护群众的正当权利和利益，做好群众的思想政治工作，凝聚广大群众的智慧和力量。领导本地区本部门本单位工会、共青团、妇女组织等群团组织，支持它们依照各自章程独立负责地开展工作。

（5）对要求入党的积极分子进行教育和培养，做好经常性的发展党员工作，把政治标准放在首位，严格程序、严肃纪律，发展政治品质纯洁的党员。发现、培养和推荐党员、群众中间的优秀人才。

（6）监督党员干部和其他任何工作人员严格遵守国家法律法规，严格遵守国家的财政经济法规和人事制度，不得侵占国家、集体和群众的利益。

（7）实事求是对党的建设、党的工作提出意见建议，及时向上级党组织报告重要情况。教育党员、群众自觉抵制不良倾向，坚决同各种违纪违法行为作斗争。

（8）按照规定，向党员、群众通报党的工作情况，公开党内有关事务。

8. 党支部成立的程序是什么？

党支部的成立，一般由基层单位提出申请，所在乡镇（街道）或者单位基层党委召开会议研究决定并批复，批复时间一般不超过 1 个月。

基层党委审批同意后，基层单位召开党员大会选举产生党支部委员会或者不设委员会的党支部书记、副书记。批复和选举结果由基层党委报上级党委组织部门备案。

根据工作需要，上级党委可以直接作出在基层单位成立党支部的决定。

9. 成立临时党支部应具备哪些条件？

为执行某项任务临时组建的机构，党员组织关系不转接的，经上级党组织批准，可以成立临时党支部。

临时党支部主要组织党员开展政治学习，教育、管理、监督党员，对入党积极分子进行教育培养等，一般不发展党员、处分处置党员，不收缴党费，不选举党代表大会代表和进行换届。

临时党支部书记、副书记和委员由批准其成立的党组织指定。

临时组建的机构撤销后，临时党支部自然撤销。

10. 不同领域党支部分别承担的重点任务是什么？

不同领域党支部结合实际，分别承担各自不同的重点任务。

（1）村党支部，全面领导隶属本村的各类组织和各项工作，围绕实施乡村振兴战略开展工作，组织带领农民群众发展集体经济，走共同富裕道路，领导村级治理，建设和谐美丽乡村。

（2）社区党支部，全面领导隶属本社区的各类组织和各项工作，围绕巩固党在城市执政基础、增进群众福祉开展工作，领导基层社会治理，组织整合辖区资源，服务社区群众、维护和谐稳定、建设美好家园。

（3）国有企业和集体企业中的党支部，保证监督党和国家方针政策的贯彻执行，围绕企业生产经营开展工作，按规定参与企业重大问题的决策，服务改革发展，凝聚职工群众，建设企业文化，创造一流业绩。

（4）高校中的党支部，保证监督党的教育方针贯彻落实，巩固马克思主义在高校意识形态领域的指导地位，加强思想政治引领，筑牢学生理想信念根基，落实立德树人根本任务，保证教学科研管理各项任务完成。

（5）非公有制经济组织中的党支部，引导和监督企业严格遵守国家法律法规，团结凝聚职工群众，依法维护各方合法权益，建设企业先进文化，促进企业健康发展。

（6）社会组织中的党支部，引导和监督社会组织依法执业、诚信从业，教育引导职工群众增强政治认同，引导和支持社会组织有序参与社会治理、提供公共服务、承担社会责任。

（7）事业单位中的党支部，保证监督改革发展正确方向，参与重要决策，服务人才成长，促进事业发展。事业单位中发挥领导作用的党支部，对重大问题进行讨论和作出决定。

（8）各级党和国家机关中的党支部，围绕服务中心、建设队伍开展工作，发挥对党员的教育、管理、监督作用，协助本部门行政负责人完成任务、改进工作。

（9）流动党员党支部，组织流动党员开展政治学习，过好组织生活，进行民主评议，引导党员履行党员义务，行使党员权利，充分发挥作用。对组织关系不在本党支部的流动党员民主评议等情况，应当通报其组织关系所在党支部。

（10）离退休干部职工党支部，宣传执行党的路线方针政策，根据党员实际情况，组织参加学习，开展党的组织生活，听取意见建议，引导他们结合自身实际发挥作用。

11. 在实践中如何创新党支部的设置?

结合实际创新党支部设置形式，使党的组织和党的工作全覆盖。规模较大、跨区域的农民专业合作组织，专业市场、商业街区、商务楼宇等，符合条件的，应当成立党支部。正式党员不足 3 人的单位，应当按照地域相邻、行业相近、规模适当、便于管理的原则，成立联合党支部。联合党支部覆盖单位一般不超过 5 个。

为期 6 个月以上的工程、工作项目等，符合条件的，应当成立党支部。流动党员较多，工作地或者居住地相对固定集中，应当由流出地党组织商流入地党组织，依托园区、商会、行业协会、驻外地办事机构等成立流动党员党支部。

12. 党支部委员应如何设置?

党支部委员的设置，应根据工作需要来确定。一般情况下，可分别设支部书记、组织委员、宣传委员、纪律检查委员。党支部委员多的还可以设副书记、青年委员、保密委员、统战委员等。党员人数不足 7 人的党支部，一般不设支部委员会，只设书记 1 人，必要时可增设副书记 1 人。党支部委员会实行集体领导，有的工作不一定要设专门委员。

13. 党小组如何划分？

党员人数较多或者党员工作地、居住地比较分散的党支部，按照便于组织开展活动原则，应当划分若干党小组。

党员人数在 20 人以上的党支部，一般应当划分若干党小组；党员人数不足 20 人的，可以根据工作需要划分党小组。每个党小组的党员人数不少于 3 人，其中至少有 1 名正式党员。党员不足 3 人的单位（部门），可与邻近单位（部门）组成 1 个党小组。

党小组的设立、调整和撤销，由党支部决定并报上级党组织备案。党支部设置或者工作形势发生变化的，可以根据需要对党小组的设置作出相应调整。

14. 如何选好配强基层党组织书记？

选配基层党组织书记人选时，上级党组织可主要从以下几个方面考虑：

（1）思想素质。要有一定的马克思列宁主义、毛泽东思想、邓小平理论、“三个代表”重要思想、科学发展观、习近平新时代中国特色社会主义思想的理论水平，能运用党的创新理论说明和解决现实当中的问题，能辨别是非，并能坚决与形形色色的错误思想作斗争。有大公无私、全心全意为人民服务的思想。

（2）政治素质。在政治上同党中央保持高度一致，能联系本单位的实际，自觉地贯彻党的路线、方针、政策，自觉地执行上级决议和指示，自觉地维护和执行本基层组织的决议。能自觉维护社会的政治稳定。

（3）能力素质。工作能力是基层党组织书记开展工作的前提条件，是提高工作效率的决定因素。因此，一个合格的基层党组织书记应具有独立发现新事物、提出新见解、解决新问题、作出新贡献的能力；具有对复杂事物和各种矛盾进行具体分析、判断是非、权衡利弊、及时决策的能力；具有善于凝聚各方面的力量，调动各方面的积极性和创造性，把基层党组织的各项决策落实到位的组织协调能力；具有慧眼识人、善于用人的能力，能够通过自己的艰苦努力，在基层党组织周围凝聚起一支有德、有才，推得动、叫得应、打得响的骨干队伍。

（4）作风素质。基层党组织书记应该是一个有节操尚廉政，在群众中威望高的基层党组织带头人。要真正做到"严以修身、严以用权、严以律己，谋事要实、创业要实、做人要实"。不弄虚作假，不欺上瞒下，不贪污受贿，不贪图享受，不欺压群众，永远保持谦虚谨慎、戒骄戒躁、遵纪守法、艰苦奋斗的优良作风。

（5）身体素质。基层党组织书记要有健康的体魄，能坚持在生产工作一线，与群众工作战斗在一起。

15. 党支部党员大会的性质和召开频次是什么?

党支部党员大会是党支部的议事决策机构，由全体党员参加，一般每季度召开 1 次。

16. 党支部党员大会的职权是什么?

党支部党员大会的职权是听取和审查党支部委员会的工作报告；按照规定开展党支部选举工作，推荐出席上级党代表大会的代表候选人，选举出席上级党代表大会的代表；讨论和表决接收预备党员和预备党员转正、延长预备期或者取消预备党员资格；讨论决定对党员的表彰表扬、组织处置和纪律处分；决定其他重要事项。

村、社区重要事项以及与群众利益密切相关的事项，必须经过党支部党员大会讨论。

党支部党员大会议题提交表决前，应当经过充分讨论。表决必须有半数以上有表决权的党员到会方可进行，赞成人数超过应到会有表决权的党员的半数为通过。

17. 什么是“三会一课”？

“三会一课”中的“三会”，是指定期召开党支部党员大会、党支部委员会会议、党小组会；“三会一课”中的“一课”，是指按时上党课。

“三会一课”是我们党在实践中形成的行之有效的党员教育管理的一项重要制度，是党内政治生活的重要载体，是提高党的创造力、凝聚力和战斗力的重要途径。

18. “三会一课”的总体要求是什么？

“三会一课”应当突出政治学习和教育，突出党性锻炼，以“两学一做”为主要内容，结合党员思想和工作实际，确定主题和具体方式，做到形式多样、氛围庄重。

19. 什么是党课？

党课是党组织以授课形式对党员进行教育的有效方法，是“三会一课”制度的重要组成部分，是党组织的一项经常性重要工作。开展党课教育，是我们党在长期实践中创造的一种行之有效的党员教育制度，是思想建党原则在党员教育中的具体体现，是全面从严治党的必然要求。

20. 党课的内容一般有哪些？

党课的内容一般包括党的路线方针政策、党的基本知识、党的历史知识、国际国内形势等。党课应当针对党员思想和工作实际，回应普遍关心的问题，注重身边人讲身边事，增强吸引力感染力。

21. 怎样上好党课？

（1）党组织确定讲课人，党课讲授人可以是各级党组织书记、党员领导干部，也可邀请党员专家学者、优秀共产党员、优秀党校教师、老党员等讲党课。党员领导干部应当定期为基层党员讲党课，党委（党组）书记每年至少讲 1 次党课。

（2）党课的选题要与党的中心工作和党员的思想实际紧密结合，做到有的放矢。

（3）注意优化党课内容、丰富党课形式、创新党课载体，充分用好红色资源，综合运用传统媒体和新媒体，把党课课堂设在乡镇（街道）党校、党群服务中心、远程教育站点等党员教育阵地，以及工厂车间、田间地头、城乡社区等生产生活一线。

（4）课后要组织相关学习讨论，收集党员的反映和要求，不断改进和提高党课质量。

22. 什么是主题党日?

党员活动日简称“党日”，是便于党员过好党的组织生活，发挥党员先锋模范作用的一种形式。党支部要从本单位、本部门的实际情况出发，规定党日的时间。主题党日是加强党员理想信念教育的有效手段，是党组织开展党员活动的有效载体。

23. 怎样开展主题党日?

党支部每月相对固定 1 天开展主题党日，组织党员集中学习、过组织生活、进行民主议事和志愿服务等。在主题党日开展前，党支部应当认真研究确定主题和内容；开展主题党日后，应当抓好议定事项的组织落实。

24. 党小组会的职责和召开频次是什么?

党小组会是党员参加党内组织生活的一种最经常最普遍的方式。党小组会主要落实党支部工作要求，完成党支部安排的任务。党小组会一般每月召开 1 次。

25. 党小组会的主要内容有哪些?

党小组会的主要内容一般围绕党的中心工作和党支部的近期工作，组织党员参加政治学习、谈心谈话、开展批评和自我批评等。

26. 什么是组织生活会?

组织生活会是以开展批评和自我批评、交流思想、总结经验教训为中心内容的组织生活制度。党支部每年至少召开 1 次组织生活会，一般安排在第四季度，也可以根据工作需要随时召开。组织生活会一般以党支部大会、党支部委员会会议或者党小组会的形式召开。

27. 召开组织生活会的程序是什么?

组织生活会的程序是:

（1）会前确定主题，认真学习，谈心谈话，听取意见。

（2）会上查摆问题，开展批评和自我批评，明确整改方向。

（3）会后制定整改措施，逐一整改落实。

28. 什么是民主生活会?

民主生活会是党内政治生活的重要内容，是发扬党内民主、加强党内监督、依靠领导班子自身力量解决矛盾和问题的重要方式。坚持和完善民主生活会制度，是保证党的团结统一、保持党的先进性和纯洁性的一大法宝。

根据《县以上党和国家机关党员领导干部民主生活会若干规定》，县以上党和国家机关党员领导干部须参加民主生活会。此外，国有企业党组织、高等学校党组织、乡镇党委等基层党组织领导干部民主生活会，参照该规定执行。

民主生活会每年召开 1 次，一般安排在第四季度。因特殊情况需要提前或者延期召开的，应当报上级党组织同意。民主生活会到会人数必须达到应到会人数的 2/3 以上。

29. 召开民主生活会的程序是什么?

召开民主生活会应当制定会议方案，提前 10 日报上级党组织审核，并做好准备工作。

民主生活会由领导班子主要负责人主持，一般按以下程序进行：

（1）通报上一次民主生活会整改措施落实情况和本次

民主生活会征求意见情况。

（2）主要负责人代表领导班子作对照检查。

（3）领导班子成员逐一进行对照检查，作自我批评，其他成员对其提出批评意见。

（4）主要负责人总结会议情况，提出整改工作要求。

因故缺席的人员应当提交书面发言材料。会后，将会议情况和批评意见转告缺席人。

30. 什么是民主评议党员制度？

民主评议党员制度是党支部的一项基本制度，是党支部按照有关规定，定期组织党员开展民主评议的一种制度。民主评议党员的目的是通过民主评议党员，促进党员增强党性，全面提高党员队伍的整体素质，通过表彰优秀党员，清除腐败分子，妥善处置不合格党员，从而保持党组织的先进性和纯洁性；通过民主评议党员，还可以增强党的凝聚力和战斗力。民主评议党员的依据是组织党员对照合格党员标准、对照入党誓词，联系个人实际进行党性分析。党支部一般每年开展 1 次民主评议党员。

31. 开展民主评议党员的程序是什么？

民主评议党员一般分为 5 个步骤：

（1）党性分析。党员提前准备好发言稿，每个人对照合格党员标准、对照入党誓词，联系个人实际写一篇认识深刻的党性分析报告。为保证效果，最好党支部书记能够提前把关，全部通过后可以开会。

（2）个人自评。每名党员依次发言，宣读自己的党性分析报告，对自己作出评价，这实际上就是自我批评。

（3）党员互评。每名党员发言后，其他党员依次对其进行评价，这实际上就是相互批评。

（4）民主测评。发放民主评议党员测评表，打分评价。

（5）提出意见。根据评议情况和党员日常表现情况，以党支部委员会会议或支部大会的形式给每名党员提出评定意见。

32. 民主评议党员可以结合组织生活会一并进行吗？

从民主评议党员的一般步骤来看，它与组织生活会的有些环节是基本相同的。因此，民主评议党员可以结合组织生活会一并进行。

33. 预备党员怎样参加民主评议？

预备党员参加民主评议的方法与正式党员相同。但是在表彰和处理阶段与正式党员有所区别。一是预备党员不宜被评为优秀党员。二是对预备党员不能作劝其退党处理。在民主评议中需要进行组织处理的预备党员，根据具体情况，有的可以进行批评教育，有的可以延长预备期，有的可以取消其预备党员资格。

34. 流动党员怎样参加民主评议？

流动党员原则上回原所在单位党组织参加民主评议党员活动。如果流动期间适逢外出所在地或单位党组织开展民主评议党员活动，可以参加学习，但不能以此代替回原所在单位党组织参加民主评议。

35. 党员组织生活的主要内容是什么？

党员组织生活的内容主要包括以下几个方面：

（1）组织党员学习马克思列宁主义、毛泽东思想、邓小平理论、“三个代表”重要思想、科学发展观、习近平新时代中国特色社会主义思想，学习党的路线、方针、政策，学习时事政治、党的基本知识和党的历史，学习法律知识、科技知识以及与自己工作相关的业务知识，以不断提高党员的思想素养、政治觉悟、政策水平、法律意识和专业技术水平，增强为党和人民做好工作的事业心和工作本领。

（2）传达中央及上级党组织的指示、决定、文件，并组织党员学习讨论，领会其精神实质，同时结合本地、本部门、本支部、本小组的实际，论证或制定贯彻执行的计划和措施。

（3）向党员布置本支部的任务，提出要求；听取党员的思想汇报，检查党员学习、工作及完成党组织交办任务的情况。

（4）本着“团结——批评——团结”的原则，认真开展批评和自我批评，以达到既弄清思想、分清是非，又团结同志、共同提高的目的。

（5）分析群众的思想情绪，反映群众的意见和要求，研究加强和改善群众思想政治工作的措施和意见。

（6）讨论发展党员的工作计划，制定培养、教育、考察积极分子的措施，讨论接收预备党员及预备党员的转正问题。

（7）检查全体党员执行党章的情况和遵守国家法律、法令的情况；讨论党员在党性党风党纪方面存在的问题，处理违纪党员和不合格党员；表彰优秀党员。

（8）组织党员参观革命遗址或革命文物展览，进行党史或党的优良传统教育；组织党员观看有教育意义的录像、电影、戏剧，参观现代化建设的新成就，以提高党员对现实问题的认识水平；听取英模人物的事迹报告，参加社会公益活动等。

（9）通过党支部委员会会议和党支部党员大会讨论决定本支部的重大问题及相关事宜；开展其他适合党员特点的各种形式的活动。

第三章

党的基层组织选举工作

1. 党员代表大会的职权是什么?

（1）听取和审查同级委员会的报告。

（2）审查同级纪律检查委员会的报告（不设纪律检查委员会的，纪检工作可作为党委报告的一个内容）。

（3）讨论本级党组织及党组织职权范围内的重大问题并作出决议。

（4）选举同级党的委员会，选举同级党的纪律检查委员会。

党员代表大会还有权选举出席上级党代表大会或者党代表会议的代表。

2. 党员代表大会代表应具备的条件是什么?

党员代表大会的代表必须是有选举权的正式党员，而且应是共产党员中的优秀分子。要按照相关规定要求，严格代表资格条件，坚持把政治标准放在首位，既强调先进性和纯洁性，又突出代表性，确保选出合格的代表。

（1）认真学习马克思列宁主义、毛泽东思想、邓小平理论、“三个代表”重要思想、科学发展观、习近平新时代中国特色社会主义思想，认真贯彻执行党的基本理论、基本路线、基本方略，牢记党的初心和使命，深刻领悟“两个确立”的决定性意义，自觉增强“四个意识”、坚定“四个自信”、做到“两个维护”。

（2）具有共产主义远大理想和中国特色社会主义坚定信念，在关键时刻和重大原则问题上，是非分明，坚定地站在党的立场上。

（3）发挥模范带头作用，在工作、学习和社会生活中做出显著成绩。

（4）有良好的思想作风、工作作风和生活作风，公道正派，清正廉洁，密切联系党员和人民群众，积极宣传党的主张，如实反映党员、群众的意见和要求。

（5）遵守党章党规党纪和宪法法律法规，按照党性原则办事，正确行使党员的权利，自觉接受党和人民群众监督。

（6）具有履行代表职责的能力，能够按照要求参加党组织活动，完成党组织交给的任务。

（7）能反映本选举单位的意见，代表党员的意志。

3. 党员代表大会代表产生的主要程序是什么？

（1）党支部推荐提名。根据多数党组织和党员的意见，提出代表候选人推荐人选。

（2）选举单位就代表候选人推荐人选与上级党组织沟通，提出代表候选人初步人选。采取适当方式加强审核把关，可以对代表候选人初步人选在一定范围内公示。

（3）选举单位研究确定代表候选人预备人选，报召开党员代表大会的党的基层委员会审查。

（4）选举单位召开党员大会或者党员代表大会，根据多数选举人的意见确定候选人，进行选举。

4. 党员代表大会代表的权利和职责是什么？

根据有关规定，党员代表大会代表的权利和职责有以下 8 项：

（1）在党员代表大会召开期间参与听取和审查党的委员会的报告、审查纪律检查委员会的工作报告。

（2）在党员代表大会召开期间参与讨论和决定有关重大问题。

（3）在党员代表大会上行使表决权、选举权，有被选举权。

（4）了解同级党的委员会、纪律检查委员会以及所在选举单位党组织贯彻执行党的决议、决定的情况。

（5）向党员代表大会或者同级党的委员会就经济建设、政治建设、文化建设、社会建设、生态文明建设和党的建设等重大问题，提出意见和建议。

（6）对同级党的委员会、纪律检查委员会及其成员等进行监督。

（7）参加党员代表大会或者同级党的委员会组织的活动。

（8）受党员代表大会或者同级党的委员会的委托，完成有关工作。

5. 党员代表大会代表候选人应如何确定？

（1）党员代表大会代表候选人预备人选的报批。选举单位向上级党组织呈报党员代表候选人预备人选名单时，要呈报《代表候选人预备人选名册》、《代表候选人预备人选登记表》和代表候选人预备人选酝酿情况的报告。酝酿情况的报告，主要包括提名原则、酝酿的方法步骤、代表候选人预备人选的结构情况及其他需要报告的问题。

（2）党员代表大会代表候选人预备人选名单的审查和

批复。召开党员代表大会的党组织收到代表选举单位报送的党员代表候选人预备人选名单后，要审查代表候选人预备人选的酝酿提名程序和方法，差额比例是否符合规定，代表的构成是否合理，代表候选人预备人选是否符合代表条件。对不符合代表产生程序和不符合资格条件的，要提出调整意见。审查同意后，要及时对选举单位上报的代表候选人预备人选名单进行批复。

（3）党员代表大会代表候选人的确定。代表候选人预备人选经上级党组织审查同意后，选举单位即可召开党员代表大会或者党员大会，酝酿确定代表候选人并进行选举。

召开党员代表大会选举的，代表候选人预备人选名单经大会主席团会议讨论通过，并以代表候选人建议名单形式，提交代表大会各代表团（组）进行酝酿讨论。大会主席团根据多数代表的意见，确定代表候选人名单或者代表候选人预选名单。

召开党员大会选举的，由党的委员会将代表候选人预备人选名单以代表候选人建议名单形式，提交党员大会酝酿讨论。党的委员会根据多数党员的意见，确定代表候选人名单或者代表候选人预选名单。

6. 党员代表大会代表的选举方式有哪些？

党员代表大会代表候选人名单或者代表候选人预选名单确定之后，即可选举产生代表。党员代表大会代表的选举，可以采取两种方式：一是直接采用候选人数多于应选人数的差额选举办法进行正式选举；二是先采用差额选举办法进行预选，产生候选人名单，然后进行正式选举。

7. 党员代表大会代表资格审查的程序是什么？

党员代表大会代表资格审查程序一般分 3 步：

（1）对代表资格进行初步审查，这项工作一般由代表选举工作小组或者党委组织部门负责。

（2）代表资格审查小组对代表资格进行审查，提出代表资格审查报告并提请党的委员会讨论通过。

（3）代表大会预备会议通过代表资格审查小组提出的代表资格审查报告。

8. 党员代表大会代表资格审查应注意哪些事项？

党员代表大会正式召开之前，对出席代表大会的代表进行代表资格审查，是党内选举历来就有的规矩；也是确保代表应是共产党员中的优秀分子且按规定程序选举产生的必然要求。

进行代表资格审查，应把握好以下 3 点：

（1）审查选举单位酝酿提名和选举产生代表的程序、方法是否符合规定。发现代表的产生不符合规定程序的，应责成原选举单位重新选举。

（2）审查代表是否符合资格条件。如发现有代表不具备资格条件的，应责成原选举单位撤换。进行这方面审查时，要注意听取纪检监察、政法、审计、信访等部门的意见。

（3）代表资格审查工作必须严格按规定办事。会前审查工作中的重要问题必须由党委集体讨论决定。代表资格审查报告，必须经党员代表大会预备会议或者大会主席团会议讨论通过。

9. 党员代表大会代表资格终止的情形有哪些?

党员代表大会代表在任期内，有下列情形之一者，其代表资格终止：

（1）调离同级党员代表大会所属范围的。

（2）受留党察看以上（含留党察看）处分的。

（3）被党组织劝退、除名或者自行脱党的。

（4）因出国（境）定居等原因被停止党籍，或者丧失中华人民共和国国籍的。

（5）辞去代表职务被接受的。

（6）因病、因故死亡的。

10. 党员代表大会的组织领导由谁负责？

党的基层组织召开党员代表大会进行选举的，由大会主席团主持。大会主席团成员由上届党的委员会或者各代表团（组）从代表中提名，经全体代表酝酿讨论，提交党员代表大会预备会议表决通过。

党员代表大会会务工作的组织领导，在党员代表大会筹备期间，由党的基层委员会负责，具体工作可由党委有关部门承担。成立党员代表大会筹备工作领导小组的，可在领导小组下设会务准备工作小组承担具体工作。党员代表大会开幕以后，由大会主席团负责，具体工作由大会秘书处及其工作机构承担。

11. 党员大会（有换届选举任务的）的职权是什么？

召开党员大会进行换届选举的，其职权主要有以下4项：

（1）听取和审查党的委员会（基层委员会、总支部委员会、支部委员会）的报告。

（2）审查同级纪律检查委员会的工作报告（不设纪律检查委员会的，纪检工作可作为党委报告的一个内容）。

（3）讨论本级党组织及党组织职权范围内的重大问题并作出决议。

（4）选举党的委员会（基层委员会、总支部委员会、支部委员会）、经批准设立的纪律检查委员会以及出席上级党代表大会或者党代表会议的代表。

12. 党员（代表）大会选举时参加人数的要求是如何规定的？

根据《中国共产党基层组织选举工作条例》的规定，党的基层组织召开党员（代表）大会进行选举时，有选举权的到会人数不少于应到会人数的 4/5，会议有效。

13. 党员大会的组织领导由谁负责？

党员大会的组织领导由党的基层委员会（总支部委员会或者支部委员会）负责。不设委员会的党支部召开党员大会，由党支部书记主持。

做好换届选举的党员大会的各项准备工作，要注意两点：

（1）对党员大会的各项准备工作要指定专人负责，实行分工负责制。

（2）有关换届选举的重大问题，包括召开党员大会的时间、大会议程、新一届委员会委员名额、召开党员大会进行换届选举的决议及向上级党组织的报告和委员会报告等，都必须由委员会集体讨论决定。

14. 党的基层委员会、总支部委员会、支部委员会的任期是如何规定的？

党章规定，党的基层委员会、总支部委员会、支部委员会每届任期 3 年至 5 年。根据《关于党的基层组织任期的意见》等有关规定，党的基层委员会每届任期一般为 5 年，党的总支部委员会、支部委员会每届任期一般为 3 年，其中，村和社区党的委员会、总支部委员会、支部委员会每届任期为 5 年。根据《中国共产党普通高等学校基层组织工作条例》，高校院（系）级单位根据工作需要和党员人数，经学校党委批准，设立党的基层委员会、总支部委员会、支部委员会。院（系）党组织每届任期一般为 5 年。

党的基层组织应严格执行任期制度，任期届满按期进行换届选举。如需延期或提前进行换届选举，应当报上级党组织批准，延长或提前期限一般不超过 1 年。

15. 党的基层委员会、总支部委员会、支部委员会委员名额如何确定?

《中国共产党支部工作条例（试行）》规定，党支部委员会由 3 至 5 人组成，一般不超过 7 人。正式党员不足 7 人的党支部，设书记 1 名，必要时可以设副书记 1 名。

《中国共产党农村基层组织工作条例》规定，村党支部一般设委员 3 至 5 名，村党总支一般设委员 5 至 7 名，村党委一般设委员 5 至 7 名，最多不超过 9 名。乡镇党委一般设委员 7 至 9 名。

《中国共产党国有企业基层组织工作条例（试行）》规定，国有企业党委一般由 5 至 9 人组成，最多不超过 11 人；设立常务委员会的，党委常委一般 5 至 7 人、最多不超过 9 人，党委委员一般 15 至 21 人。国有企业党总支一般由 5 至 7 人组成，最多不超过 9 人；支部委员会由 3 至 5 人组成，一般不超过 7 人。

《中国共产党普通高等学校基层组织工作条例》规定，设立常委会的高校党委，一般设党委委员 15 至 31 人，常委会委员 7 至 11 人；不设常委会的，一般设委员 7 至 11 人。根据学校实际，经上级党组织批准，可以适当增减常委会委员或者不设常委会的委员职数。

上述规定之外的党的总支部委员会、基层委员会的名额，在实际工作中，一般可参照下列范围掌握：党员在 50 人以上不足 100 人的党的总支部委员会，委员名额一般为 5 至 7 人，最多不超过 9 人。党员在 100 人以上的党的基层委员会，委员名额一般为 5 至 9 人，最多不超过 11 人。经上级党组织批准设立常务委员会的党的基层委员会，委员名额一般为 15 至 21 人。

确定党的基层委员会、总支部委员会、支部委员会委员名额应遵循的原则，可参照党的地方各级委员会委员名额确定原则。

16. 党的基层委员会、总支部委员会、支部委员会委员的党龄有何要求？

党的基层组织要完成所担负的任务，领导班子成员应具有一定的党内生活经验和党务工作经验。

《中国共产党支部工作条例（试行）》规定，党支部书记一般应当具有 1 年以上党龄。村、社区党的基层委员会、总支部委员会书记的党龄要求按此规定执行。

《中国共产党国有企业基层组织工作条例（试行）》规定，国有企业党委委员一般应当有 3 年以上党龄，其中中央企业及其直属企业（单位）、省属国有企业的党委委员应当有 5 年以上党龄。党支部（党总支）书记一般应当有 1 年以上党龄。

其他行业领域党的基层委员会和总支部委员会在酝酿提名委员会委员特别是书记、副书记人选时，应考虑党龄要求。

17. 党的基层委员会、总支部委员会、支部委员会书记、副书记职数及确定原则是什么？

党的基层委员会一般设书记 1 名，副书记 1 至 2 名。《中国共产党农村基层组织工作条例》规定，乡镇党委设书记 1 名、副书记 2 至 3 名。党的总支部委员会一般设书记 1 名，副书记 1 名。党的支部委员会设书记 1 名，必要时可设副书记 1 名。

党的基层委员会、总支部委员会、支部委员会书记、副书记职数的确定，必须符合党中央和上级党组织的规定；必须坚持精干高效的原则；必须由党的委员会集体讨论决定，并报上级党组织批准。

18. 党的基层委员会设立常务委员会的情形、委员职数及确定原则是什么？

党的基层委员会一般不设常务委员会。对于规模较大、所辖党组织和党员人数较多、工作地点较分散的国有企业和高等院校，为了有利于工作和加强集体领导，确需设立常务委员会的，必须报经上级党组织批准。常务委员会委员职数一般为 5 至 7 名，最多不超过 9 名。

基层党委常务委员会委员职数的确定，必须符合党中央和上级党组织的有关规定；必须坚持结构合理、精干高效的原则；必须由党的委员会集体讨论决定，并报上级党组织批准。常务委员会委员数额，不得超过委员会委员人数的半数。

19. 党的基层委员会常务委员会委员候选人的差额是多少？

《中国共产党基层组织选举工作条例》规定："经批准设立常务委员会的委员会，其常务委员会委员候选人，由上届委员会按照比应选人数多 1 至 2 人的差额提出。"

执行上述规定应把握两点：一是党的基层委员会采用差额选举办法选举产生常务委员会委员。二是差额的比例是候选人数比应选人数多 1 至 2 人。至于多 1 人还是多 2 人，由基层党委从本地、本单位的实际出发提出意见，报上级党组织批准。

20. 党的基层组织选举的基本方式是什么？

党的基层组织选举党员代表大会代表、委员会委员、纪律检查委员会委员，可以直接采用候选人数多于应选人数的差额选举办法进行正式选举，也可以先采用差额选举办法进行预选，产生候选人名单，然后进行正式选举。

21. 基层党委常务委员会委员和书记、副书记选举的基本方式是什么？

党的基层委员会常务委员会委员和书记、副书记的选举，通常是先采用差额选举办法选举常务委员会委员，再采用等额选举办法从当选的常务委员中选举书记、副书记。党委常务委员会委员和书记、副书记的选举一般不进行预选。

22. 党员代表大会的筹备工作有哪些？

充分做好党员代表大会的筹备工作，是开好党员代表大会的前提和基础。党员代表大会筹备工作，一般包括以下内容：

（1）召开党的委员会常务委员会会议，研究党员代表大会有关事宜，并就有关问题与上一级党委组织部门进行沟通。

（2）建立党员代表大会筹备工作领导机构和工作机构，制订筹备工作计划。

（3）召开党的委员会全体会议，作出召开党员代表大会的决定。

（4）起草关于召开党员代表大会的请示，报上一级党委审批。

（5）印发代表选举工作通知，组织指导代表选举单位做好代表选举工作，对代表产生程序和代表资格进行初步审查。

（6）做好换届人事安排工作，组织好会议应选举人员的推荐、提名和酝酿、考察工作，起草关于换届人事安排方案的请示，报上一级党委审批。

（7）提出大会领导机构及其组成人员建议名单。

（8）起草党的委员会报告、纪律检查委员会工作报告、党员代表大会代表资格审查情况报告、党费收缴使用管理情况报告及其他重要文件、领导讲话等。

（9）做好党员代表大会选举准备工作。

（10）做好党员代表大会的宣传报道工作。

（11）做好党员代表大会会务准备和安全保卫工作。

党员大会的筹备，可参照上述内容适当调整。

23. 党的基层委员会委员产生的程序有哪些?

党的基层委员会委员的产生，通常分为两类。

召开党员大会的，一般要经过以下程序：

（1）上届党的委员会（设常务委员会的应召开党的委员会全体会议）确定新一届委员会（纪律检查委员会）组成的原则。

（2）上届党的委员会（或者常务委员会）组织所辖党组织酝酿推荐，根据多数党组织的意见提出候选人初步人选。

（3）上届党的委员会对初步人选进行考察，并根据考察结果确定候选人预备人选，报上级党组织审查同意。

（4）组织党员酝酿确定候选人。

（5）提交党员大会进行选举。

召开党员代表大会的，一般要经过以下程序：

（1）上届党的委员会根据所辖多数党组织的意见提出人选。

（2）报上级党组织审查同意。

（3）提请大会主席团讨论通过。

（4）大会主席团提交各代表团（组）酝酿讨论。

（5）根据多数代表的意见确定候选人。

（6）提交党员代表大会进行选举。

24. 党的总支部委员会、支部委员会委员产生的程序有哪些？

党的总支部委员会、支部委员会委员的产生，一般要经过以下程序：

（1）上届党的总支部委员会（支部委员会）确定新一届党的总支部委员会（支部委员会）组成原则。

（2）上届党的总支部委员会（支部委员会）组织全体党员酝酿推荐，也可组织党支部或者党小组酝酿，根据多数党员意见确定候选人预备人选，报上级党组织审查同意。

（3）党的总支部委员会（支部委员会）将候选人预备人选名单组织党员酝酿，并根据多数党员意见确定候选人，在党员大会上进行选举。

25. 党的基层委员会、纪律检查委员会常务委员会委员和书记、副书记产生的程序有哪些？

党的基层委员会、纪律检查委员会常务委员会委员和书记、副书记产生的程序有以下 3 项：

（1）上届党的委员会（或者常务委员会）提出候选人

预备人选，报经上级党组织审查同意。

（2）新选举产生的委员会充分酝酿，根据多数委员的意见确定候选人。

（3）党的委员会全体会议选举时，先选举常务委员会委员，再选举书记、副书记。

26. 党的基层委员会、纪律检查委员会常务委员会委员和书记、副书记的选举工作要注意哪些事项？

党的基层委员会、纪律检查委员会常务委员会委员和书记、副书记分别由新一届党的基层委员会和纪律检查委员会第一次全体会议选举产生。在实际工作中，应注意以下 5 点：

（1）常务委员会委员必须从新当选的委员会委员中产生，书记、副书记必须从新当选的常务委员会委员中产生。

（2）选举必须严格按照《中国共产党章程》和《中国共产党基层组织选举工作条例》以及选举办法的规定进行。

（3）选举前应充分酝酿，做好工作，选举中要充分发扬民主，尊重选举人的意志。

（4）党的纪律检查委员会第一次全体会议选举产生的常务委员会委员和书记、副书记，需经同级党的委员会全体会议通过。

（5）如果书记、副书记候选人在常委选举时落选，应及时向上级党委报告。

27. 党员代表大会选举的程序有哪些？

召开党员代表大会进行选举，一般程序如下：

（1）清点到会代表人数。大会执行主席向大会报告应参加大会的代表人数和实际参加大会的代表人数。在确认有选举权的到会人数符合规定人数后，即可进行选举。

（2）通过大会选举办法。

（3）宣布新一届党的委员会委员、纪律检查委员会委员名额和候选人名单。

（4）通过大会总监票人（副总监票人）、监票人名单，宣布大会计票人（总计票人）名单。

（5）监票人当场检查票箱，计票人分发选票。大会执行主席详细说明填写选票的注意事项（也可由大会工作人员宣读）。

（6）选举人填写选票，并在工作人员引导下进行投票。

（7）监票人、计票人清点选票，确认选举是否有效。

（8）计票人在监票人监督下计票。

（9）报告被选举人得票情况。预选时，由监票人向上届委员会或者大会主席团报告；正式选举时，由总监票人

（监票人）向选举人报告。报告得票情况，包括得赞成票、不赞成票、弃权票和另选他人等。

（10）宣布当选人员名单。当选人员名单由会议主持人向选举人宣布。

召开党员大会进行选举，一般程序如下：

（1）通过可以不计算在应到会人数之内的党员名单。

（2）清点到会党员人数。大会主持人向大会报告应参加大会的党员人数和实际参加大会的党员人数。到会的有选举权的党员人数符合规定人数后，即可进行选举。

（3）通过选举办法。

（4）宣布新一届党的委员会（纪律检查委员会）委员名额和候选人名单。

（5）推选（通过）监票人，宣布计票人。

（6）监票人当场检查票箱，计票人分发选票。大会主持人详细说明填写选票注意事项。

（7）选举人填写选票，并按指定顺序投票。

（8）监票人、计票人清点选票，确认选举是否有效。

（9）计票人在监票人监督下计票。

（10）报告被选举人得票情况。预选时，由监票人向上届委员会报告；正式选举时，由监票人向选举人报告。报告得票情况，包括得赞成票、不赞成票、弃权票和另选他人等。

（11）宣布当选人员名单。当选人员名单由会议主持人向选举人宣布。

28. 党员代表大会闭幕会的程序有哪些？

党员代表大会闭幕会的主要内容是通过同级党的委员会（纪律检查委员会）报告的决议及其他有关问题的决议，宣布党员代表大会闭幕。其程序如下：

（1）报告参加会议的代表人数，有选举权的到会代表不少于应到会人数的 4/5，会议有效。

（2）宣布大会议程。

（3）逐项表决需由党员代表大会作出并通过的有关决议。

（4）担任党委主要领导职务的主席团常委致闭幕词或者主持人讲话。

（5）宣布大会闭幕。

29. 基层党组织换届选举党员大会的基本程序是什么？

《中国共产党基层组织选举工作条例》明确规定：党的基层组织设立的委员会一般由党员大会选举产生。选举党的总支部委员会和支部委员会的党员大会的基本程序，主要有以下几项：

（1）充分做好选举前的准备工作。充分做好党员大会筹备工作，是开好党总支或党支部换届选举的党员大会的前提和基础。党总支或党支部换届选举的党员大会筹备工作，一般包括以下内容：

①在党总支或支部委员会任期届满之前（一般提前1—2个月），召开党支部委员会会议，研究召开党员大会进行换届选举的有关事宜，作出召开党员大会进行支部换届选举的决定。会后，向上级党组织呈报换届工作的请示。

②召开党员大会进行换届选举的请示经上级党组织批准后，即可召开党支部委员会会议，研究和开展召开党员大会筹备事项，包括对党员进行召开党员大会的目的、意义和党的民主集中制、党员权利与义务的宣传教育工作；组织酝酿、推荐下届支部委员、书记、副书记候选人预备人选，并向上级党组织呈报关于支部委员、书记、副书记候选人预备人选的请示；起草总支或支部的工作报告和党费收缴使用和管理情况的报告等文件。同时将筹备情况报上级党组织同意。

③上级党组织对下届委员会委员候选人预备人选的请示批复后，即可召开党支部委员会会议，介绍党员大会准

备工作情况，确定党员大会日程、召开的时间和地点；对如何开好大会向党员提出要求；确定召开大会的其他事项。

④印发总支或支部换届选举党员大会通知。

（2）召开党总支或党支部换届选举党员大会。召开党员大会进行选举，由上届委员会主持。

开好党总支或党支部换届选举党员大会的基本程序是：宣布党员大会开始；唱（奏）国歌；党的总支部委员会或支部委员会负责同志作工作报告；作党费收缴使用和管理情况的报告、有纪委的要做纪委工作报告；以党支部或党小组为单位审议支部委员会的工作报告、党费收缴使用和管理情况的报告；召开支部委员会会议听取党员对总支或支部工作报告、党费收缴使用情况报告的讨论情况汇报，研究提出修改意见；在党员大会上讨论通过选举办法（草案）、下届党的委员会候选人建议名单；审议通过监票人、计票人名单；宣布下届党的委员会名单；进行选举；计票结束后，监票人向大会报告被选举人得票情况，大会主持人宣布当选人名单。

具体到选举事项，在党员大会上应当做好的工作，一般有以下几项：

①清点到会党员人数。基层党组织进行选举时，有选举权的到会人数超过应到会人数的 4/5，会议有效。因此，

大会主持人向大会报告应参加的党员人数和实参加大会的党员人数。到会的有选举权的党员人数符合规定人数后，即可进行选举。

②通过选举办法和监票人、计票人。《中国共产党基层组织选举工作条例》第二十二条规定：选举设监票人，负责对选举全过程进行监督。

党员大会或者党员代表大会选举的监票人，由全体党员或者各代表团（组）从不是候选人的党员或者代表中推选，经党员大会、党员代表大会或者大会主席团会议表决通过。

委员会选举的监票人，从不是书记、副书记、常务委员会委员候选人的委员中推选，经全体委员表决通过。

同时，《中国共产党基层组织选举工作条例》第二十三条规定：选举设计票人。计票人在监票人监督下进行工作。

③宣布下届党总支或党支部委员会委员名额和候选人名单。《中国共产党基层组织选举工作条例》规定：选举前，选举单位的党组织或者大会主席团应当以适当方式将候选人的简历、工作实绩和主要优缺点向选举人作出实事求是的介绍，对选举人提出的询问作出负责的答复。根据选举人的要求，可以组织候选人与选举人见面，回答选举人提出的问题。

④分发选票。大会主持人说明填写选票注意事项。《中国共产党基层组织选举工作条例》规定：选举采用无记名投票的方式。选票上的代表和委员、常务委员会委员候选人名单以姓氏笔画为序排列，书记、副书记候选人名单按照上级党组织批准的顺序排列。

⑤选举人填写选票，并按指定顺序投票。《中国共产党基层组织选举工作条例》规定：选举人不能填写选票的，可以由本人委托非候选人按照选举人的意志代写。因故未出席会议的党员或者代表不能委托他人代为投票。同时规定：选举人对候选人可以投赞成或不赞成票，也可以弃权。投不赞成票者可以另选他人。

⑥清点选票，确认选举是否有效。《中国共产党基层组织选举工作条例》规定：投票结束后，监票人、计票人应当将投票人数、发出选票数和收回选票数加以核对，作出记录，由监票人签字并报告被选举人的得票数。选举收回的选票数，等于或者少于投票人数，选举有效；多于投票人数，选举无效，应当重新选举。每一选票所选人数，等于或者少于规定应选人数的为有效票，多于规定应选人数的为无效票。

⑦计票人在监票人监督下计票。《中国共产党基层组织选举工作条例》规定：被选举人得票情况，包括得赞成

票、不赞成票、弃权票和另选他人等，预选时由监票人向上届委员会或者大会主席团报告，正式选举时由监票人向选举人报告。

⑧大会主持人向大会宣布当选人名单。《中国共产党基层组织选举工作条例》规定：实行差额预选时，赞成票超过应到会有选举权人数半数的，方可列为正式候选人。进行正式选举时，被选举人获得的赞成票超过应到会有选举权人数半数的，始得当选。获得赞成票超过半数的被选举人数多于应选名额时，以得票多少为序，至取足应选名额为止。如遇票数相等不能确定当选人时，应当就票数相等的被选举人再次投票，得赞成票多的当选。获得赞成票超过半数的被选举人数少于应选名额时，对不足的名额另行选举。如果接近应选名额，经半数以上选举人同意或者大会主席团决定，也可以减少名额，不再进行选举。

⑨新当选的党总支或党支部委员会成员讲话。

（3）党总支或党支部换届选举党员大会后必须做好的工作。党总支或党支部换届选举党员大会后，并不表明换届选举工作的全部完成，党支部还需按如下程序做好以下几项工作：

①新当选的党总支或党支部委员会成员召开第一次支委会，选举产生书记、副书记，并做好各委员的分工。《中

国共产党基层组织选举工作条例》规定：委员会第一次全体会议选举常务委员会委员和书记、副书记，召开党员代表大会的，由大会主席团指定 1 名新选出的委员主持；召开党员大会的，由上届委员会推荐 1 名新当选的委员主持。

②将换届选举情况及其结果，报上级党委审批。因为党章第三十一条明确规定：基层委员会、总支部委员会、支部委员会的书记、副书记选举产生后，应报上级党组织批准。

③得到上级党组织关于书记、副书记及委员的批复后，应当向广大党员宣布结果，并做好落选人的思想工作。

④将换届选举情况、结果及上级党委审批意见等材料归档保存。

30. 如何监督基层党组织选举？

《中国共产党基层组织选举工作条例》规定：本条例由上级党的委员会及其组织部门和上级党的纪律检查委员会负责监督实施，执行情况纳入巡视巡察监督工作内容。

在选举中，凡有违反党章和本条例规定行为的，必须认真查处，根据问题的性质和情节轻重，对有关党员给予批评教育直至纪律处分，对失职失责的党组织和党的领导干部进行问责。

第四章

发展党员工作

1. 发展党员工作的总要求是什么？

《中国共产党发展党员工作细则》规定，发展党员工作的总要求是“控制总量、优化结构、提高质量、发挥作用”。

“控制总量”，就是实行发展党员的总量控制，把全国党员数量年均增长控制在适当速度，使党员队伍保持适度规模。

“优化结构”，就是根据不同群体、行业和岗位的特点，确定发展党员的重点，既保证党员分布的普遍性，也保证党员分布的特殊性；既在生产工作的一线发展党员，也在重点岗位发展能担重任的党员。

“提高质量”，就是在发展党员的过程中，无论标准的制定，还是程序的设计，都要严格按照党章规定的党员标准要求，并始终把政治标准放在首位。

“发挥作用”，就是要让发展的每一个党员，都能在自己的岗位上发挥先锋模范作用，建功立业，作出应有的贡献。

2. 发展党员工作的根本要求是什么?

坚持党章规定的党员标准，始终把政治标准放在首位，注重思想入党，是发展党员工作的根本要求，也是保持党的先进性、纯洁性的重要保证。

（1）关于党章规定的党员标准，主要包括 4 个方面：一是申请入党的条件，即党章第一条。二是党员的基本条件，即党章第二条。三是党员必须履行的八项义务，即党章第三条。四是党员享有的八项权利，即党章第四条。4 个方面互为补充，共同构成了党员标准的内涵。

（2）必须正确理解“政治标准”的基本内涵。具体来说，主要包括 4 个方面：一是信念坚定，具有马克思主义信仰、共产主义觉悟和中国特色社会主义信念，自觉践行社会主义核心价值观，矢志不渝为共产主义奋斗终身。二是对党忠诚，拥护党的纲领，自觉贯彻党的路线方针政策，在大是大非面前头脑清醒、旗帜鲜明，在思想和行动上始终同党中央保持高度一致。三是为民服务，坚持以人民为中心，树立群众观念，践行群众路线，维护群众利益。四是严守纪律，自觉遵守党章，模范遵守国家法律，严格按照党的组织原则和党内政治生活准则办事。

关于坚持把政治标准放在首位，《中国共产党发展党员工作细则》作了以下3个方面的规定：一是在党员标准上明确提出，党的基层组织应当吸收具有马克思主义信仰、共产主义觉悟和中国特色社会主义信念，自觉践行社会主义核心价值观的先进分子入党。二是在培养教育过程中，要教育引导入党积极分子端正入党动机，确立为共产主义事业奋斗终身的信念。三是明确要求对发展对象进行政治审查，凡是未经政治审查或政治审查不合格的，不能发展入党。

（3）关于思想上入党，强调的是入党申请人从思想层面、灵魂深处认可党的纲领和章程，信仰马克思主义、信仰共产主义，具有中国特色社会主义信念，对中国特色社会主义和共产主义美好前途信心坚定；愿意按照入党誓词的要求，兑现对党承诺；愿意参加党的一个组织并在其中积极工作、执行党的决议和按期交纳党费；等等。一名入党申请人经过严格的入党手续，经批准加入党的组织，成为一名共产党员，就完成了组织上入党的过程。但组织上入党并不代表思想上入党的完成，思想上入党是一个更加复杂和长期的过程，需要党员一生去践行。

3. 发展党员为什么必须把政治标准放在首位?

党章强调，发展党员必须把政治标准放在首位，这是做好发展党员工作必须坚持的核心要求，是确保党员政治合格的重要前提。发展党员工作是党的建设的一项基础性工作。党员质量关乎党的生机活力，关乎党的性质和生命。强调发展党员必须把政治标准放在首位，对于保证党员的先进性和纯洁性、确保政治合格，具有重要意义。

（1）发展党员必须把政治标准放在首位，是落实全面从严治党的必然要求。贯彻全面从严治党要求，进一步做好新时代发展党员工作，必须突出党员政治上的先进性，始终把政治标准放在首位，确保党员政治合格；必须严把党员队伍入口关，严格程序、严格审核，在源头上“过滤筛选”，确保新党员队伍的先进性和纯洁性。

（2）发展党员必须把政治标准放在首位，是解决当前发展党员工作中存在质量标准不高、审查把关不严等问题的必然要求。要坚决纠正和查处忽视政治审查，或因为怕麻烦、图省事简化政治审查、不搞政治审查等问题。凡是未经政治审查或政治审查不合格的，都不能发展入党。

（3）发展党员必须把政治标准放在首位，是保证发展的新党员都是具有共产主义觉悟的先锋战士的必然要求。

党的力量和作用不仅在于党员队伍的数量，更取决于党员队伍的质量，取决于广大党员贯彻执行党的路线方针政策的自觉性和坚定性。看一名党员是否合格，最根本的就是看他有没有坚定的政治信仰、鲜明的政治态度、正确的政治行为。

4. 为什么发展党员必须坚持入党自愿和个别吸收原则？

发展党员必须禁止突击发展，杜绝运动式入党，同时也要反对“关门主义”。坚持慎重发展、均衡发展，有领导、有计划地进行。对那些已经符合党员标准的入党积极分子，要及时将其纳入党组织，为那些思想好、能力强的入党积极分子，提供更为广阔的用武之地。要防止发展党员工作走向两个极端，就必须始终坚持入党自愿原则和个别吸收原则。

坚持入党自愿原则是由中国共产党的性质和宗旨所决定的。作为中国共产党的党员，必须全心全意为人民服务，把党的利益看得高于一切，为了党和人民的利益不惜牺牲个人的一切，在困难和危险的时刻能够挺身而出冲在最前面。即使在平常时期，也能吃苦在前，享受在后，“先天下之忧而忧，后天下之乐而乐”。这些不是每一个人都愿意且能够做到的。只有具有共产主义觉悟，志愿把自己的一切献给党和人民的人才能做到。

事实上，只有当一个人懂得了为什么要入党并决心为党和人民献出一切的时候，入党才会成为一种志愿，才会在争取入党的过程中，以党员标准规范自己的言行。坚持入党自愿原则，必须杜绝“拉”人入党的错误做法，对一些尚无入党要求的人，无论其能力多强、贡献多大，都不应强迫或动员他们入党。当然，对于那些有能力、有贡献的人，党组织有责任对他们进行教育，帮助他们提高政治觉悟，让他们认识到，加入党组织，不仅不会限制他们才能的发挥，而且会为其提供更大更广阔的舞台，促进他们作出更大的贡献。对他们进行培养和考察之后，吸收他们入党。这种做法，也是符合入党自愿原则的。

党章规定：“发展党员，必须把政治标准放在首位，经过党的支部，坚持个别吸收的原则。”坚持个别吸收原则，强调对入党积极分子逐个进行认真考察，逐个履行入党手续，成熟一个，发展一个，而不能搞批量式发展。批量式发展党员，往往会使一些不具备党员条件的人混入党内。坚持个别吸收原则，要强调党内民主，在召开党支部党员大会讨论接受新党员时，要让每个党员都有充分表达自己意见的机会。当然，坚持个别吸收原则，也不是说每次党支部党员大会只能讨论一个申请人入党，而是强调对入党申请人逐个讨论、逐个表决。

5. 申请入党的条件和程序是什么？

党章第一条规定，年满 18 岁的中国工人、农民、军人、知识分子和其他社会阶层的先进分子，承认党的纲领和章程，愿意参加党的一个组织并在其中积极工作、执行党的决议和按期交纳党费的，可以申请加入中国共产党。

入党申请人应当向工作、学习所在单位党组织提出入党申请，没有工作、学习单位或工作、学习单位尚未建立党组织的，应当向居住地党组织提出入党申请。流动人员，如外出打工的农民，可以向单位所在地党组织或单位主管部门党组织提出入党申请，也可以向流动党员党组织提出入党申请。

这里必须明确一点，入党申请书必须是申请人自愿提交。任何时候，基层党组织都不能采取劝说动员的方式，使其在并非自愿的情况下递交入党申请书。

6. 入党申请书的内容有哪些？

入党申请书的内容一般应当包含以下 3 个方面：

（1）谈谈自己为什么入党，向党组织表明自己对党的认识，说清楚自己的入党动机。

（2）介绍自己的理想信念、思想认识情况，自己的成长经历、政治历史情况，自己的工作、学习、生活情况，家庭主要成员和主要社会关系情况等。

（3）入党的态度和决心，自己怎样积极争取早日入党，以及今后自己在工作、学习、生活等方面的打算，等等。

7. 入党申请书的格式是什么？

入党申请书的格式，具体包括以下几个方面：

（1）标题。第1行居中写“入党申请书”。

（2）称呼。一般在第2行顶格写“敬爱的党组织”或“××党支部”，后加冒号。

（3）正文。即上文谈到的入党申请书一般应当包括的3个方面的内容。

（4）结尾。一般另起一段，表达请党组织监督、考验自己的态度和决心等。接着另起行空2字写“此致”，再另起行顶格写“敬礼”。

（5）落款。在结尾的右下方写上申请人姓名，写明申请日期（公历时间，包括年、月、日）。

8. 递交入党申请书要注意哪些问题?

（1）入党申请书应向党组织递交。入党申请人应当向工作、学习所在单位党组织提出入党申请，没有工作、学习单位或工作、学习单位未建立党组织的，应当向居住地党组织提出入党申请。

流动人员应当向工作、学习所在单位党组织递交入党申请书；流出地已经在流入地建立流动党员党组织的，可以向流动党员党组织递交入党申请书。

在校学生应当向学校党组织递交入党申请书。学校未建立党组织的，可以向居住地党组织、学校所在地党组织或学校主管部门党组织递交入党申请书，但发展其入党时必须征求所在学校的意见。

离退休人员原则上由哪个单位负责管理，就向哪个单位的党组织递交入党申请书。主要由原工作单位负责管理的，向原工作单位党组织递交入党申请书。与原工作单位已基本脱离关系，主要在居住地参加社会活动的，应向居住地党组织递交入党申请书。有关党组织在接收离退休人员入党前，应向其原工作单位或居住地党组织了解情况、征求意见。

临时或短期（6 个月以内）借调到外单位工作的同志

申请入党，应向原所在单位党组织递交入党申请书。正式或长期（6 个月以上）借调到外单位工作的，可根据工作需要和个人实际，向原所在单位或借调单位党组织递交入党申请书。

失业、待业或自谋职业人员要求入党，一般应向居住地党组织递交入党申请书，并由街道党组织负责对他们进行培养、教育和考察；已参加个体劳动者协会的人要求入党，也可向个体劳动者协会或其主管部门党组织递交入党申请书，由接受申请书的党组织负责对他们进行培养、教育和考察。

下基层挂职、扶贫、支教等人员，已在基层工作 6 个月以上的，可以在基层工作单位递交入党申请书，发展入党前必须征得原所在单位党组织同意；在基层工作 6 个月以内的，向原所在单位党组织递交入党申请书，由原所在单位党组织负责发展入党。

对于出国（境）留学、工作人员，凡出国（境）时间在两年以下的，一般不进行发展党员工作。出国（境）时间在两年以上的，可以向留学人员党组织或驻外中资机构、劳务公司党组织递交入党申请书。发展他们入党前，要征求国内有关单位党组织意见。

（2）入党申请书不需要经常递交。在向党组织递交入党申请书后，如无特殊情况，入党申请人不必经常递交入党申请书。但入党申请人为了表达自己迫切要求入党的愿望和决心，在第一次递交入党申请书一段时间后，再向党组织递交入党申请书也是允许的。

（3）工作变动后一般不需要重新递交入党申请书。入党申请人工作、学习所在单位（居住地）发生变动，原单位（居住地）党组织应当及时将其入党申请书，连同其他有关材料一并转交其现单位（居住地）党组织，以便于现单位（居住地）党组织了解入党申请人的情况，对其接续做好培养教育工作。因此，在这种情况下，入党申请人一般不必重新递交入党申请书。申请人要主动向现单位（居住地）党组织汇报自己的思想及有关情况。如因故现单位（居住地）党组织未收到申请人入党申请书及有关材料的，申请人可向现单位（居住地）党组织重新递交入党申请书。

9. 党组织派人同入党申请人谈话应注意哪些事项？

党组织收到入党申请书后，首先要审看一下入党申请书，看看入党申请人的年龄、国籍等是否符合党章规定的入党条件，对党的认识是否正确，入党动机是否端正，成长经历是否清楚，对待入党的态度怎样等。如果上述情况都符合有关要求，党组织应当在 1 个月内派人同入党申请人谈话，了解其基本情况。

一般由所在党组织的书记、副书记或组织委员与入党申请人进行谈话，以便全面了解其有关情况。谈话后应及时将谈话情况整理成书面记录并签名或盖章。

10. 入党积极分子应具备什么条件？

入党申请人是否可被确定为入党积极分子，要看其是否符合党章规定的党员标准。但考虑到入党积极分子还需要进一步教育培养，对他们不宜提出过高的要求。因此，入党积极分子一般应具备如下 4 个条件：

（1）积极拥护和坚决执行党的路线方针政策和决议，在思想上、政治上、行动上同以习近平同志为核心的党中央保持高度一致。

（2）对党有比较明确深刻的认识，积极要求入党，决心为共产主义事业奋斗终身。

（3）在生产、工作、学习和生活等方面表现突出，是工人、农民、军人、知识分子和其他社会阶层的先进分子，带头参加改革开放和社会主义现代化建设。

（4）密切联系群众，践行党的群众路线，作风正派，团结同志，在群众中有一定威望。

一般情况下，入党申请人递交入党申请书半年以上、具备入党积极分子条件，才可被推荐和确定为入党积极分子。

11. 党员如何推荐入党积极分子人选？

（1）明确“谁能推荐”和“推荐谁”的范围。党支部全体党员参加推荐，预备党员也可参加推荐；已递交入党申请书且党组织已派人谈话的入党申请人都要列为被推荐对象。

（2）采取多种方式进行推荐。党支部可通过会议推荐、个别谈话推荐、党员联名推荐等方式，组织党员开展推荐。推荐完毕后，党支部要及时汇总和公布推荐结果，自觉接受全体党员监督。

（3）注重结果运用。党支部在研究决定入党积极分子人选时，应正确分析运用推荐结果，既看推荐情况，更看入党申请人的现实表现，不能简单以票取人。

（4）严明工作纪律。党支部要加强对党员的组织纪律教育，并组织做好人选推荐工作，防止在推荐过程中产生拉票、投人情票等违纪行为和不正之风。

12. 怎样确定入党积极分子？

发展党员工作的第一步，就是确定入党积极分子。

（1）入党积极分子必须是递交了入党申请书的人。也就是说，确定为入党积极分子，首先看其是否递交了入党申请书。因此，我们要对生产工作中的积极分子与入党积极分子作一些区分。要明确的一点是，并非生产工作中表现积极的人就是入党积极分子，而是在生产工作中表现积极而又有加入中国共产党的意愿，并向基层党组织递交了入党申请书的人，才能成为入党积极分子。个人没有递交入党申请书，是不能确定为入党积极分子的。

（2）入党积极分子是被推选出来的。并非递交了入党申请书就能成为入党积极分子，递交了入党申请书只是成为入党积极分子的前提。对递交了入党申请书者，一般采取党员推荐、群团组织推优等方式产生人选，然后由党支部委员会（不设党支部委员会的由党支部党员大会）研究决定，并报上级党委备案。这样的人才称为入党积极分子。

（3）入党积极分子要经过一年以上的培养教育与考察。成为入党积极分子，并非过一段日子后就可以稳稳当当成为共产党员，而是要经过党组织的培养教育，并通过一定时间的考察。考察期有长有短，但不能少于一年。中央组织部提出，入党积极分子经过一年以上的培养教育和考察，才能列为发展对象。

13. 如何培养考察入党积极分子？

基层党组织对入党积极分子的培养教育可以按照以下几个步骤进行：

第一步，基层党组织收到入党申请书后，应当在 1 个月内派人同入党申请人谈话，了解基本情况，不能让递交了入党申请书的人长时间得不到回音。

第二步，入党申请人经过基层党组织讨论研究，确定为入党积极分子之后，党组织指定一至两名正式党员作为入党积极分子的培养联系人。培养联系人的主要任务有如下几项：

（1）向入党积极分子介绍党的基本知识。

（2）了解入党积极分子的政治觉悟、道德品质、现实表现和家庭情况等，做好培养教育工作，引导入党积极分子端正入党动机。

（3）及时向党支部汇报入党积极分子情况。

（4）向党支部提出能否将入党积极分子列为发展对象的意见。

第三步，党组织采取吸收入党积极分子听党课、参加党内有关活动，给他们分配一定的社会工作以及集中培训等方法，对入党积极分子进行马克思列宁主义、毛泽东思想、邓小平理论、“三个代表”重要思想、科学发展观、习近平新时代中国特色社会主义思想教育，党的路线、方针、政策、决议和党的基本知识教育，党的历史、优良传统以及社会主义核心价值观教育，使他们懂得党的性质、纲领、宗旨、组织原则和纪律，懂得党员的义务和权利，帮助他们端正入党动机，确立为共产主义事业奋斗终身的信念。

第四步，基层党组织每半年对入党积极分子进行一次考察，基层党委每年对入党积极分子队伍状况作一次分析。针对存在的问题，采取改进措施。在考察入党积极分子时，不仅要看他的声明（包括思想汇报），更要看他在现实中的表现。考察的主要内容是入党积极分子的入党动机、思想觉悟、政治品质和工作表现等。看其是否具有坚定的共产主义信念和对党的路线、方针、政策的态度，看其是否真心实意地为党和人民利益而牺牲个人利益，看其是否严守党的秘密、遵守党的纪律，看其对本职工作是否热爱、对党组织交给的任务是否很好地完成。考察的方法多种多样，可以在日常生活中考察，可以在完成某项任务中考察，可以在参加某项活动中考察，可以在关键时刻和大是大非面前考察，等等。

14. 如何了解入党积极分子的入党动机？

入党动机就是“入党为了什么”，是一个人入党的内在原因和真实目的，也是一个人入党的思想动力。了解入党积极分子的入党动机是否端正，可以归结为“三看”。

（1）看其对共产主义的理想信念及对中国共产党的先进性认识。这一点可以通过其平时的言谈以及在平时撰写的一些文字中表明的立场态度看到。那些在平时言谈与文字中把共产党作为调侃对象甚至是攻击对象的人，入党申请书写得再美妙，其入党动机都值得怀疑。

（2）看其在平常生活和工作中表现出来的为人民服务、乐于奉献精神。党的根本宗旨就是为人民服务，就是舍己利人、乐于奉献。一个人是否真心真意地为人民服务，是否真正舍己利人，只要看其平常的工作生活态度，就可以清清楚楚地了解这个人。

（3）看其在实际中表现出来的先锋模范作用。共产党是由广大群众中的先进分子所组成的，在实际中，应该起模范带头作用，自然表现突出，也必然能够得到众口一词的好评。如果这样的人要求入党，其动机也必然是正确的。而了解其入党动机，只要到群众中走一走问一问，自然就清楚了。

15. 如何确定和考察入党发展对象?

入党积极分子与入党发展对象是两个不同的概念，或者说是两个有递进关系的概念。相对入党积极分子而言，入党发展对象已经走到了党组织的大门口。如果说，入党积极分子还只是在排队等候领取“入场券”，入党发展对象就是已经领取“入场券”的人了，是列入党员的发展计划的。也就是说，入党发展对象只要继续保持以往的入党积极分子的状态，在一定时间内，就可成为党组织中的一员。因此，基层党组织在发展党员工作中，一定要把入党积极分子与入党发展对象区分开来。

入党发展对象一般都是从经过一年以上培养教育和考察，且具备党员条件的入党积极分子中选出来的。由入党积极分子提升为入党发展对象要过几关：首先要过党小组、培养联系人、党员和群众意见这几关，然后要过党支部委员会这一关，要经党支部委员会讨论同意并报上级党委备案后，方可列为发展对象。

16. 发展对象人选报上级党委备案应注意哪些事项?

将发展对象人选报上级党委备案，是充分发挥上级党委的领导和把关作用，保证发展党员质量的重要措施。上级党委要对党支部上报的发展对象人选进行认真审查，及时研究提出备案意见。备案时应注意以下几个方面：

（1）关于党支部上报。党支部要将发展对象人选的基本情况、听取各方面意见的情况、党支部委员会会议或党支部党员大会讨论情况等，一并报上级党委备案。党总支应对党支部确定的发展对象人选进行审议。

（2）关于上级党委备案。上级党委接到党支部报送的发展对象人选有关材料后，应进行认真审查，并研究提出备案意见。审查时，主要看上报的发展对象人选是否基本具备党员条件、手续是否完备。一般情况下，入党积极分子培养教育时间不满 1 年的，不能列为发展对象。

（3）关于上级党委出具备案意见。党委的备案意见一般应书面通知党支部。需要注意的是，发展对象人选只有报上级党委备案同意后，方可列为发展对象。上级党委备案同意的时间即为确定发展对象的时间。

（4）关于做好备案后的工作。党支部要按照上级党委备案意见，将发展对象进行公示。如果上级党委备案意见与党支部意见不一致，党支部必须坚决执行上级党委的决定，做好有关人员的思想工作，并及时在党支部党员大会上宣布上级党委的备案意见。

17. 发展对象的入党介绍人如何确定？

发展对象应当有两名正式党员作入党介绍人。入党介绍人一般由培养联系人担任，也可由党组织指定。入党介绍人一般由所属党支部的正式党员担任，一名正式党员一般不宜同时担任几名发展对象的入党介绍人。预备党员不能担任入党介绍人；受留党察看处分、尚未恢复党员权利的党员，不能作入党介绍人。

18. 入党介绍人的主要任务是什么？

《中国共产党发展党员工作细则》规定了入党介绍人的 5 项任务：

（1）向发展对象解释党的纲领、章程，说明党员的条件、义务和权利。落实这一项任务的关键词是“指导”，即指导发展对象进一步熟悉党章，端正入党动机，指导发展对象如何按照党员标准规范自己的行为。

（2）认真了解发展对象的入党动机、政治觉悟、道德品质、工作经历、现实表现等情况，如实向党组织汇报。落实这一项任务的关键词是“责任”。即这一项任务蕴含着入党介绍人所担负的重大责任。既是对发展对象负责，更是对党组织负责。因为发展对象是否真正具备共产党员的条件，很大程度上取决于入党介绍人对发展对象的了解与介绍。因此，入党介绍人必须本着对党负责的态度，深入了解发展对象的各个方面，确保发展对象的质量优良。

（3）指导发展对象填写《中国共产党入党志愿书》，并认真填写自己的意见。这一条的关键词是“真实”，既保证发展对象填写的内容的真实可靠，又要保证自己的意见符合发展对象的实际状况。所以，这里面没有所谓规范的套话，而是对发展对象现实情况的真实反映。

（4）向支部大会负责任地介绍发展对象的情况。这一条的关键词是“负责、真实”。作为入党介绍人，对发展对象的了解，应该比党支部其他成员更加详细深入。因此，要本着对党组织和发展对象负责的态度，真实、全面地介绍发展对象的情况，以供全体党员讨论表决时作参考。

（5）发展对象批准为预备党员后，继续对其进行教育帮助。作为介绍人，把发展对象引进党组织大门之后，并非万事大吉，还需要引上路、扶一程，在思想上、行动上时时提点，促进其更加成熟。

19. 如何做好对发展对象的政治审查？

在共产党员的标准条件中，政治标准必须摆在首位。

对发展对象进行政治审查，也是发展党员的最重要也是最严格的一关。没有过这道关的发展对象，是进不了党组织大门的。《中国共产党发展党员工作细则》规定：凡是未经政治审查或政治审查不合格的，不能发展入党。政治审查实质上是对一个发展对象全方位的了解。强调对发展对象的政治审查，是保持党的先进性和纯洁性的重要举措之一，也是防止政治上的异己分子和阴谋分子混入党内的必要举措。

对发展对象的政治审查，要做好以下几件事：

（1）明确具体的政治审查人员。政审人员应安排党性强、作风正、思想好的正式党员担任，非党群众不能参与发展对象的政审工作。有的地方让预备党员做政审工作，这也是不太合适的。预备党员由于还处在教育和考察阶段，一般不要安排其做发展对象的政审工作。如因特殊情况确需预备党员参与政审，也应指派正式党员共同承担。

（2）明确政审的主要内容。对发展对象政审的主要内容是：对党的理论和路线、方针、政策的态度；政治历史和在重大政治斗争中的表现；遵纪守法和遵守社会公德情况；直系亲属和与本人关系密切的主要社会关系的政治情况。其中直系亲属，一般指父母、配偶、子女、自幼抚养其长大的养父养母和由其扶养的养子女，主要社会关系包括兄弟姐妹、岳父母（公公婆婆）、伯叔姑舅姨，以及与本人关系密切的朋友、同事、同学、同乡等。对上述对象的调查，并非都要调查到，主要是这些人之中当时与政审对象在政治、经济上交往密切者，对调查对象了解的情况，一般也是其政治面貌、职业职务、政治表现及其与政审对象的关系。

（3）明确政治审查的基本方法。主要包括：同本人谈话、查阅有关档案材料、找有关单位和人员了解情况以及必要的函调或外调。在听取本人介绍和查阅有关材料后，情况清楚的可不函调或外调。对流动人员中的发展对象进行政治审查时，还应当征求其户籍所在地和居住地基层党组织的意见。此外，调查直系亲属和主要社会关系时，一般还要查阅有关档案材料，通过有关单位党组织了解情况。

（4）将政审所产生的各类材料归入档案。政治审查是一件十分严肃的事情，关系着党的先进性与纯洁性，必须严肃认真、实事求是。在政治审查中，要特别注重本人的一贯表现。审查的情况记录，连同最终形成的结论性材料，都应一并归入档案，严密管理。

20. 基层党组织如何教育培训发展对象？

对发展对象进行教育培训有两种方式：一是经常性教育；二是短期集中培训。

（1）经常性教育是由党委、党总支、党支部乃至党小组举行的学习培训，参与学习的既包括发展对象，也包括入党积极分子，递交了入党申请书尚未被确定为入党积极分子的人也可参加，其学习教育时间不确定，多利用节假日或工余时间。

（2）短期集中培训是将入党发展对象集中起来（尚未列为发展对象的入党积极分子一般不宜参加），在各级党校、业余党校、政治学校等教育阵地由基层党委或县级党委组织部门举办的入党培训班集中培训学习。《中国共产党发展党员工作细则》规定："基层党委或县级党委组织部门应当对发展对象进行短期集中培训。"该细则同时指出："未经培训的，除个别特殊情况外，不能发展入党。"将发展对象集中培训，培训时间一般不少于 3 天（或不少于 24 个学时）。入党培训的内容主要是党章、《关于新形势下党内政治生活的若干准则》等文件。中央组织部组织编写的《入党教材》，可以作为学习辅导材料。集中培训一般要求培训对象联系思想实际写好学习总结，并由培训部门组织必要的考试或考核。

21. 党支部党员大会讨论接收预备党员的程序是什么?

基层党组织召开党支部党员大会讨论发展对象能否入党，要按照以下程序进行：

（1）会议主持人宣布会议议程，报告应出席和实际出席的党员人数，提出开会的具体要求。

（2）发展对象汇报对党的认识、入党动机、本人履历、家庭和主要社会关系情况，以及其他需向党组织说明的问题。

（3）入党介绍人介绍发展对象有关情况，并对其能否入党表明意见。介绍人介绍的情况要具体有据，而不是戴帽子似的讲几句“思想好，工作积极，为人忠诚老实”之类的套话。同时，表明意见要鲜明，不要含含糊糊、模棱两可。

（4）党支部委员会报告对发展对象的审查情况。

（5）与会党员对发展对象能否入党进行充分讨论。

（6）有表决权的党员采取无记名投票方式进行表决，当场宣布表决结果。赞成人数超过应到会有表决权的正式党员的半数，才能通过接收预备党员的决议。因故不能到会的有表决权的正式党员，在党支部党员大会召开前正式向党支部提出书面意见的，应当统计在票数内。

（7）党支部党员大会结束后，党支部应当及时将党支部党员大会决议写入《中国共产党入党志愿书》，连同本人入党申请书、政治审查材料、培养教育考察材料等，一并报上级党委审批。

此外，党支部党员大会讨论两个以上的发展对象入党时，必须逐个讨论和表决，即重复上述程序。

22. 党委审批预备党员的程序是什么？

党委对党支部上报的接收预备党员的决议，应当在 3 个月内审批，并报上级党委组织部门备案。如遇特殊情况可适当延长审批时间，但不得超过 6 个月。

党委审批预备党员要经过以下几道程序：

（1）党委审批前，应当指派党委委员或组织员同发展对象谈话，作进一步的了解，并帮助发展对象提高对党的认识。谈话人应当将谈话情况和自己对发展对象能否入党的意见，如实填写在《中国共产党入党志愿书》上，并向党委汇报。

（2）党委召开党委会审批预备党员，通过集体讨论，并进行表决。党委主要审议发展对象是否具备党员条件、入党手续是否完备。发展对象符合党员条件、入党手续完备的，批准其为预备党员。

（3）党委审批意见写入《中国共产党入党志愿书》，注明预备期的起止时间，并通知报批的党支部。

（4）党支部应当及时通知本人并在党员大会上宣布。对未被批准入党的，应当通知本人，并做好思想工作。

党委会审批两个以上的发展对象入党时，应当逐个审议和表决。

23. 发展对象如何规范填写《中国共产党入党志愿书》？

《中国共产党入党志愿书》是记载发展对象主要情况及审批过程的原始材料，也是今后党组织对发展对象审查的主要依据，属永久性档案材料。因此，填写《中国共产党入党志愿书》是一件严肃的事情，必须十分认真，并注意以下事项：

（1）发展对象在未经上级党组织预审同意的情况下，不能填写《中国共产党入党志愿书》。

（2）发展对象填写的《中国共产党入党志愿书》，必须是各省、自治区、直辖市党委组织部，中央直属机关工委、中央国家机关工委组织部，国务院国资委党委、中央各金融机构党委组织部等机构按照中央组织部提供的电子版统一印制，通过组织系统发放。其他任何单位和个人不得自行印制或销售。同时，也不得使用复印的《中国共产党入党志愿书》。

（3）填写《中国共产党入党志愿书》，必须严格按照其中各个栏目的内容要求，真实准确地填写，不得有任何隐瞒和伪造。例如，入党志愿要写出自己的真实思想，个人经历要明确地写出从上小学到填表时的全部经历，何时何地何种原因受过何种奖励和处分（受到的口头表扬和物质奖励不必填写，经组织复查平反纠正的不再填写），以及需要向组织说明的问题，都必须如实填写。

（4）《中国共产党入党志愿书》要用钢笔或毛笔填写，不能用圆珠笔和铅笔填写，字迹要清楚、整洁，不要涂改。其中由不同对象填写的项目，如党组织、介绍人签署的意见等，在按规定填好后，应签名盖章并注明日期。《中国共产党入党志愿书》一般应由发展对象本人填写，如因特殊原因，如文化程度低、残疾、重病等原因，可由党支部指定党员，如实按发展对象口述内容代笔填写。填好《中国共产党入党志愿书》后，除发展对象本人签名盖章外，代笔人也要签名盖章，并注明发展对象本人不能填写的真实原因。

（5）严格按照《中国共产党入党志愿书》的规范填写发展对象本人的基本情况。一是姓名与居民身份证一致，姓名用字固定、规范，不得用同音字或拼音代替。二是民族应填写全称，如“布依族”不能填写为“布族”。三是籍贯与出生地，应填写现在的行政区地名，籍贯则填写本人的祖居地。四是个人学历，应填写接受相应教育的最高学历，其学历以国家教育行政部门或公认的部门单位出具的学历证明为依据，不得填写“相当 ×× 学历”。五是“单位、职业或职务”，一般是按填写《中国共产党入党志愿书》时所在的单位、职务和职业，担任职务较多的，填写主要职务；无单位的，可按现在所从事的职业填写，如工人、农民、服务员、驾驶员等。六是已离退休的，必须填写离退休前所在单位、职务或职业、政治面貌等，并注明离退休时间。

24. 如何组织举行预备党员的入党宣誓仪式？

经审批同意的预备党员必须面向党旗进行入党宣誓。入党宣誓仪式，一般由基层党委或党支部（党总支）组织进行（党小组不能举行入党宣誓）。入党宣誓可选择一些有意义的时间与地点进行。例如，有的宣誓是在抗洪救灾的前线进行，有的宣誓是在党诞生的“七一”进行，有的是在清明节祭拜革命烈士时进行，等等。宣誓仪式的会场要布置得庄重、简朴，主席台正中悬挂党旗，在正式会场，可在党旗上方悬挂“入党宣誓大会”横标。

入党宣誓仪式的程序一般有 7 个：全场起立，唱（奏）《国际歌》；党组织负责人致辞；新党员宣誓（新党员立正，面向党旗，握右拳举过肩，跟着领誓人大声跟读誓词，跟读完，宣誓人各自报姓名）；上级党组织代表讲话；老党员代表讲话；新党员代表向党表示决心；宣布仪式结束。

25. 预备党员如何转正？

预备党员预备期满，党支部应当及时讨论其能否转为正式党员。认真履行党员义务、具备党员条件的，应当按期转为正式党员；需要继续考察和教育的，可以延长一次预备期，延长时间不能少于半年，最长不超过 1 年；不履行党员义务、不具备党员条件的，应当取消其预备党员资格。预备党员违犯党纪，情节较轻，尚可保留预备党员资格的，应当对其进行批评教育或延长预备期；情节较重的，应当取消其预备党员资格。预备党员转为正式党员、延长预备期或取消预备党员资格，应当经党支部党员大会讨论通过和上级党组织批准。

预备党员转正的手续有以下几项：

（1）本人向党支部提出书面转正申请。

（2）党小组提出意见，党支部征求党员和群众的意见，党支部委员会审查。

（3）党支部党员大会讨论、表决通过，报上级党委审批（讨论预备党员转正的党支部党员大会，对到会人数、赞成人数等要求与讨论接收预备党员的党支部党员大会相同）。

（4）在3个月内，党委对党支部上报的预备党员转正的决议进行审批，并将审批结果及时通知党支部。党员的党龄，从预备期满转为正式党员之日算起。

（5）党支部接到审批结果的通知后，党支部书记应当同本人谈话，并将审批结果在党员大会上宣布。

（6）预备党员转正后，党支部应当及时将其《中国共产党入党志愿书》、入党申请书、政治审查材料、转正申请书和培养教育考察材料，交党委存入本人人事档案。无人事档案的，建立党员档案，由所在党委或县级党委组织部门保存。

26. 预备党员预备期满后需要延长预备期的情形有哪些？

预备党员预备期满后，仍不完全具备党员条件时，需要延长预备期继续进行考察和教育的，一般有以下几种情况：一是入党时有某些缺点，在预备期间转变不明显，不完全具备党员条件，但本人愿意继续接受党组织的教育和考察，决心按照党员标准去做的；二是入党时基本具备党员条件，但入党后不能严格要求自己，在思想、工作、学习等方面出现一些缺点，经党组织指出后，愿意改正的；三是入党后犯了一般性错误，本人检查认识深刻，下决心改正错误的；四是入党后虽然一般表现尚好，但政治素质较差，党组织认为应该继续进行教育和考察的；五是其他原因需要继续考察的。

27. 党的中央和省、自治区、直辖市委员会可以直接接收党员吗？

党章规定，在特殊情况下，党的中央和省、自治区、直辖市委员会可以直接接收党员。发展党员必须经过党的支部，是在一般情况下发展党员工作的基本要求，说明了发展党员是党的基层组织的重要任务。但并不是说，发展党员的工作除了党的支部外其他层级的党组织就没有此项职能。

28. 如何严肃发展党员工作纪律?

（1）各级党组织对发展党员工作中出现的违纪违规问题和不正之风，应当严肃查处。对不坚持标准、不履行程序、超过审批时限和培养考察失职、审查把关不严的党组织及其负责人、直接责任人应当进行批评教育，情节严重的给予纪律处分。典型案例应当及时通报，对违反规定吸收入党的，一律不予承认，并在党支部党员大会上公布。

（2）对采取弄虚作假或其他手段把不符合党员条件的人发展为党员，或为非党员出具党员身份证明的，应当依纪依法严肃处理。

第五章

党员教育管理工作

1. 党员教育管理工作的指导思想是什么？

《中国共产党党员教育管理工作条例》规定，党员教育管理工作的指导思想是党员教育管理工作以马克思列宁主义、毛泽东思想、邓小平理论、“三个代表”重要思想、科学发展观、习近平新时代中国特色社会主义思想为指导，落实新时代党的建设总要求和新时代党的组织路线，坚持教育、管理、监督、服务相结合，推进“两学一做”学习教育常态化制度化，不断增强党员教育管理针对性和有效性，努力建设政治合格、执行纪律合格、品德合格、发挥作用合格的党员队伍。

2. 党员教育管理工作应遵循的基本原则是什么？

（1）坚持党要管党、全面从严治党，将严的要求落实到党员教育管理工作全过程和各方面，党员领导干部带头接受教育管理。

（2）坚持以党的政治建设为统领，突出党性教育和政治理论教育，引导党员遵守党章党规党纪，不忘初心、牢记使命。

（3）坚持围绕中心、服务大局，注重党员教育管理质量和实效，保证党的理论和路线方针政策、党中央决策部署贯彻落实。

（4）坚持从实际出发，加强分类指导，尊重党员主体地位，充分发挥党支部直接教育、管理、监督党员作用。

3. 党员教育管理的首要政治任务是什么?

用习近平新时代中国特色社会主义思想武装全党是党员教育管理的首要政治任务。基层党组织要引导党员充分认识学习贯彻习近平新时代中国特色社会主义思想的重大意义，自觉学懂弄通做实。

（1）组织党员读原著、学原文、悟原理，深入学习领会习近平新时代中国特色社会主义思想的核心要义、基本精神、实践要求，掌握贯穿其中的马克思主义立场观点方法，增强政治自觉、理论自信、情感融入。建立以学习贯彻习近平新时代中国特色社会主义思想为中心内容的党员教育教材体系。教育引导党员把学习习近平新时代中国特色社会主义思想同学习马克思列宁主义、毛泽东思想、邓小平理论、“三个代表”重要思想、科学发展观紧密结合起来，不断提高马克思主义思想觉悟和理论水平。

（2）坚持集中教育和经常性教育相结合，组织培训和个人自学相结合，采取集中轮训、党委（党组）理论学习中心组学习、理论宣讲、组织生活、在线学习培训等方式，形成习近平新时代中国特色社会主义思想学习教育长效机制，推动党员学深悟透、入脑入心。

（3）弘扬理论联系实际的马克思主义学风，引导党员把自己摆进去、把职责摆进去、把工作摆进去，学以致用、知行合一，提高政治站位，强化责任担当，增强过硬本领，做好本职工作，自觉做习近平新时代中国特色社会主义思想坚定信仰者和忠实实践者。党员领导干部应当坚持更高标准、更严要求，全面学、系统学、贯通学、深入学、跟进学，自觉用以武装头脑、指导实践、推动工作，发挥示范带动作用。

4. 党员教育的基本任务是什么？

（1）加强政治理论教育，突出党的创新理论学习，组织党员学习党的基本理论、基本路线、基本方略，学习马克思主义基本原理和党的基本知识，引导党员坚定理想信念，增强党性修养，努力掌握并自觉运用马克思主义立场观点方法。

（2）突出政治教育和政治训练，严格党内政治生活锻炼，教育党员旗帜鲜明讲政治，提高政治觉悟和政治能力，严守政治纪律和政治规矩，永葆共产党人政治本色，做到“四个服从”，在思想上政治上行动上同以习近平同志为核心的党中央保持高度一致。

（3）强化党章党规党纪教育，引导党员牢记入党誓词，坚持合格党员标准，自觉遵守党的纪律，带头践行社会主义核心价值观，培养高尚道德情操，培育良好思想作风、学风、工作作风、生活作风和家风。加强宪法法律法规教育，引导党员尊法学法守法用法。

（4）加强党的宗旨教育，引导党员践行全心全意为人民服务的根本宗旨，贯彻党的群众路线，提高群众工作本领，密切联系服务群众。

（5）进行革命传统教育，引导党员学习党史、新中国史、改革开放史、社会主义发展史、中华民族发展史和中华优秀传统文化，铭记党的奋斗历程，弘扬党的优良传统，传承红色基因，践行共产党人价值观，激发爱国主义热情。

（6）开展形势政策教育，围绕贯彻执行党和国家重大决策、推进落实重大任务，宣讲党的路线方针政策，解读世情国情党情，回应党员关注的问题，引导党员正确认识形势，把思想和行动统一到党中央要求上来。

（7）注重知识技能教育，根据党员岗位职责要求和工作需要，组织引导党员学习掌握业务知识、科技知识、实用技术等，帮助党员提高综合素质和履职能力，增强服务本领。

5. 市、县党委或者基层党委如何开展集中轮训？

市、县党委或者基层党委每年应当组织党员集中轮训，主要依托县级党校（行政学校）、基层党校等进行。根据事业发展和党的建设重点任务，结合本地区本部门本单位中心工作和党员实际，确定培训内容和方式。

6. 基层党组织在党员教育管理工作中应履行哪些职责？

基层党委履行抓党员教育管理的基本职责，推动落实上级党组织工作安排，组织做好党员集中培训、组织关系管理、表彰激励、关怀帮扶、组织处置、纪律处分等工作，指导所辖党支部做好党员日常教育管理工作。

党支部按照党章和党内有关规定，履行相关工作职责。党小组应当落实党支部关于党员教育管理工作的要求和任务。

7. 党支部如何对党员开展经常性的教育管理?

党支部应当通过落实“三会一课”制度，对党员进行经常性的教育管理。党员应当按期参加党员大会、党小组会和上党课，进行学习交流，汇报思想、工作等情况。党员领导干部应当参加双重组织生活。

8. 为什么每个党员都必须编入党的一个组织?

党章第八条规定：每个党员，不论职务高低，都必须编入党的一个支部、小组或其他特定组织，参加党的组织生活，接受党内外群众的监督。党员领导干部还必须参加党委、党组的民主生活会。不允许有任何不参加党的组织生活、不接受党内外群众监督的特殊党员。

根据党章的上述规定，为了保证每个党员都在党的组织中生活，我们党在实践中规定了党员必须编入党的一个组织的制度。只有把党员编入党的一个支部、小组或其他特定组织，并在其中参加党的组织生活，接受党组织的教育、管理和党内外群众的监督，完成党组织交给的任务，才能发挥党员的先锋模范作用，才能保证基层党组织有坚强的战斗力。党员必须编入党的一个组织，既是党员享有的基本权利，也是党组织的重要职责。

按照基层党组织设置惯例，凡正式党员人数超过 3 名、不足 50 名的基层单位，经上级党组织批准，可成立党支部。正式党员不足 3 名的，可与邻近单位的党员联合组成党支部。可见，党支部是党员参与党的组织生活的最基本单位，是党的基层组织中的基层组织，与党员的接触最密切、最经常，是党联系党员群众的最重要的桥梁纽带，因而在党员管理方面具有党的其他组织不可替代的作用。

9. 党员管理的方法和路径有哪些？

经过长期的探索和实践，在新的历史时期，党员管理工作广泛采用了以下 8 种方法和途径：

（1）坚持好“三会一课”制度。

（2）开好党员领导干部的双重组织生活会。

（3）积极开展“创先争优”活动。

（4）实行党员目标管理。

（5）建立党员联系户制度。

（6）建立党员责任区。

（7）开展党员主题实践活动。

（8）广泛开展党员谈心活动。

10. 什么是流动党员？

《关于加强和改进流动党员管理工作的意见》指出，流动党员是指由于就业或居住地变化等原因，在较长时间内无法正常参加正式组织关系所在党组织活动的党员。

11. 加强和改进流动党员管理工作的主要原则是什么？

加强和改进流动党员管理工作的主要原则：

（1）坚持以流入地党组织为主、流出地和流入地党组织共同管理。构建流出地与流入地党组织密切配合、有机衔接的流动党员管理机制。

（2）坚持区别情况、动态管理。根据流动党员的分布状况、职业特点和居住地点等情况，采取单位管理、行业管理和社区管理等多种方式，努力做到党员流动到哪里，党组织的管理就覆盖到哪里。

（3）坚持教育、管理与服务相结合。强化服务意识，寓教育、管理于服务之中，增强流动党员的党性观念、组织观念和光荣感、归属感与责任感。

12. 流动中的预备党员如何办理转正手续?

预备党员持《流动党员活动证》外出期间，如预备期满，应向原所在党组织提出转正申请，由原党组织按照规定的程序办理转正手续。办理流动中的预备党员转正手续时，党组织要通过查验《流动党员活动证》及其他途径，认真了解和考察预备党员外出期间的表现。外出所在地党组织应积极配合，负责地介绍有关情况。

13. 流动党员如何履行党员义务、行使党员权利?

《关于加强和改进流动党员管理工作的意见》指出，流动党员要认真履行党员义务，正确行使党员权利，在流入地参加党的日常组织生活，在正式组织关系所在党组织参加选举等重要活动，自觉接受流出地和流入地党组织的教育和管理，发挥先锋模范作用。

14. 什么是党籍?

党籍是指党员的资格，是党组织承认其为党员的依据。一个申请入党的同志，从他被批准为预备党员之日起，就取得了党员资格，就有了党籍。同样，党员被取消预备党员资格、劝退出党、除名、自行脱党、自动退党、不予登记、开除党籍，就失去了党籍。

党籍管理的内容涉及许多方面。有历史遗留的党籍问题，也有现实中存在的党籍问题，还有被取消预备党员资格、劝退出党、除名、自行脱党、自动退党、不予登记、开除党籍的党员的党籍处理问题，以及各种特殊情况下的党员党籍处理问题。

15. 停止党籍的情形有哪些？

对因私出国并在国外长期定居的党员，出国学习研究超过5年仍未返回的党员，一般予以停止党籍。停止党籍的决定由保留其组织关系的党组织按照有关规定作出。

对与党组织失去联系6个月以上、通过各种方式查找仍然没有取得联系的党员，予以停止党籍。停止党籍的决定由所在党支部或者上级党组织按照有关规定作出。停止党籍2年后确实无法取得联系的，按照自行脱党予以除名。

16. 停止党籍是一种党纪处分吗？

停止党籍是对党员党籍的管理手段，不是组织处置，也不是党纪处分。

17. 已停止党籍的党员还可以恢复党籍吗?

《中国共产党党员教育管理工作条例》规定，对停止党籍的党员，符合条件的，可以按照规定程序恢复党籍。对劝其退党、劝而不退除名、自行脱党除名、退党除名、开除党籍的，原则上不能恢复党籍，符合条件的可以重新入党。

18. 停止党籍和开除党籍是一回事吗?

停止党籍和开除党籍不是一回事。停止党籍是对党员党籍的管理手段，开除党籍是 5 种党纪处分之一，而且是党组织对党员最严厉的处罚。

19. 开除党籍的情形有哪些?

（1）严重违纪、严重触犯刑律的党员必须开除党籍。

（2）党员经过留党察看坚持错误不改的，应当开除党籍。

（3）一人有《中国共产党纪律处分条例》规定的两种以上（含两种）应当受到党纪处分的违纪行为，应当合并处理，按其数种违纪行为中应当受到的最高处分加重一档给予处分；其中一种违纪行为应当受到开除党籍处分的，应当给予开除党籍处分。

党员受到开除党籍处分，5 年内不得重新入党，也不得推荐担任与其原任职务相当或者高于其原任职务的党外职务。另有规定不准重新入党的，依照规定。

20. 什么是党龄?

党龄是指党员从预备党员转为正式党员以后经过的年数，即成为正式党员后的全部时间。党龄表示一个党员在党内生活和工作的实际经历。党员的党龄，应从预备期满转为正式党员之日算起。

21. 什么是党员组织关系?

党员组织关系是指党员对党的基层组织的隶属关系。申请入党的人一经被批准入党，接收其入党的党组织就把其编入党的基层组织，从此就确定了他的组织关系。党员的组织关系一经确定，党员就可以参加组织生活，并在其中积极工作。在通常情况下，党员的组织关系与行政关系应当一致。党员组织关系的概念有广义和狭义之分：广义概念包括正式组织关系和临时组织关系，转移正式组织关系需开具党员组织关系介绍信，转移临时组织关系需开党员证明信；狭义概念是指正式组织关系。在一般情况下，当我们说加强党员组织关系管理时，是指广义概念；当我们说转移党员组织关系时，是指狭义概念。

22. 党员组织关系如何编入？

每个党员都必须编入党的一个支部、小组或者其他特定组织。有固定工作单位并且单位已经建立党组织的党员，一般编入其所在单位党组织。没有固定工作单位，或者单位未建立党组织的党员，一般编入其经常居住地或者公共就业和人才服务机构、园区、楼宇等党组织。

23. 转接党员组织关系的凭证主要有哪些？

转接党员组织关系的凭证有 3 种，即党员组织关系介绍信、党员证明信和流动党员活动证。转移和接收正式组织关系，应当凭据党员组织关系介绍信；转移和接收临时组织关系，应当凭据党员证明信或流动党员活动证。

24. 出国、出境党员的组织关系应如何处理？

出国、出境党员管理主要讲的是因私出国、去中国港澳台地区或自费出国留学的党员组织关系的处理。主要有以下几个方面内容：

（1）短期请假出国或去中国港澳台地区探亲或办理私

事的党员，其组织关系保留在原单位。

（2）出国或去中国港澳台地区长期定居的党员，出境以后即停止党籍，其组织关系和档案材料转到县或相当于县一级的党委组织部门，以保存备查。

（3）党员出境逾期（包括续假）一年以上未归者，其组织关系及档案材料转到县或相当于县一级的党委组织部门，以保存备查。

（4）经批准出境定居的预备党员，不再办理转正手续，不保留其预备党员资格。

（5）自费出国留学的党员，在学成回国之前，其党组织关系保留在原单位。

（6）党员本人在出国、出境之前提出退党要求的，可按党章规定办理退党手续。

25. 出国、出境回来后的党员组织关系如何处理？

（1）党员如期回国，应及时向原单位党组织汇报出境期间的情况，党组织也要主动关心了解他们在外的情况，如无问题，即可恢复其党员组织生活。

（2）党员超过假期回国，本人要向党组织申诉理由，经过审查，如理由正当且无问题者，即可恢复其组织生活。无故超假半年左右，或有一般性错误的党员，可根据具体情况，给予适当的批评教育，在必要时也可给予适当的处分，待本人有了认识时，也可恢复其党员组织生活。

（3）无故超假一年以上回国的党员，一般不能恢复其组织生活，按自行脱党处理。如发现有严重问题者，经审查，如情况属实，要严肃处理，有的还要给予开除党籍的处分。

（4）自费出国留学的党员，在其学成回国后，由本人提出恢复其组织生活的申请，经所在单位党委审查，如证明其在国外期间确无问题，可以恢复其组织生活。如果是预备党员，其在境外学习期间表现良好，可以按期转正。

26. 党员权利保障应遵循的原则是什么？

（1）坚持民主和集中相结合，既激发党员参与党内事务的热情，又要求党员按照党性原则行使权利。

（2）坚持义务和权利相统一，切实履行党章规定的义务，正确行使各项权利，在宪法和法律的范围内活动。

（3）坚持在党的纪律面前人人平等，不允许任何党员享有特权。

（4）坚持充分全面保障党员权利，完善权利保障措施，畅通权利行使渠道，增强工作实效。

27. 党章规定党员享有哪些权利？

党员是党组织的主体。只有充分保障党员的民主权利，才能体现党员的主体地位，才能发挥党员在党内生活中的积极性和创造力。为此，党章规定了党员享有的 8 项权利：

（1）参加党的有关会议，阅读党的有关文件，接受党的教育和培训。

（2）在党的会议上和党报党刊上，参加关于党的政策问题的讨论。

（3）对党的工作提出建议和倡议。

（4）在党的会议上有根据地批评党的任何组织和任何党员，向党负责地揭发、检举党的任何组织和任何党员违法乱纪的事实，要求处分违法乱纪的党员，要求罢免或撤换不称职的干部。

（5）行使表决权、选举权，有被选举权。

（6）在党组织讨论决定对党员的党纪处分或作出鉴定时，本人有权参加和进行申辩，其他党员可以为他作证和辩护。

（7）对党的决议和政策如有不同意见，在坚决执行的前提下，可以声明保留，并且可以把自己的意见向党的上级组织直至中央提出。

（8）向党的上级组织直至中央提出请求、申诉和控告，并要求有关组织给以负责的答复。

28. 党组织和领导干部侵犯党员权利的情形有哪些？

党组织和领导干部有下列侵犯党员权利情形之一的，应当依规依纪追究责任：

（1）不按照规定公开党内事务，侵犯党员知情权。

（2）违反民主集中制原则，压制、破坏党内民主，违规决定重大问题。

（3）在民主推荐、民主测评、民主评议、考核考察和党内选举等工作中，违背组织原则，以强迫、威胁、欺骗、拉拢等手段，妨碍党员自主行使表决权、选举权和被选举权等权利。

（4）对党员批评、揭发、检举、控告、申辩、作证、辩护、申诉等正常行使权利的行为进行追究，或者采取阻挠压制、打击报复等措施妨碍党员正常行使权利。

（5）泄露揭发、检举、控告等应当保密的信息。

（6）违规违法使用审查调查措施，侵犯党员合法权益。

（7）对党员正常行使权利的诉求消极应付、推诿扯皮，依照政策或者有关规定能够解决而不及时解决。

（8）其他侵犯党员权利的情形。

29. 党员不正确行使权利应当追责的情形有哪些？

党员如果不正确行使权利，损害党、国家和人民利益，有下列行为之一的，应当依规依纪追究责任：

（1）公开发表违背党的理论路线方针政策和党中央重大决策部署的观点和意见。

（2）不按照组织原则和程序进行批评、揭发、检举、控告以及提出处理、处分、罢免、撤换要求，或者随意扩散、传播。

（3）制作、发布、传播违反党的纪律或者法律法规规定的网络信息或者其他信息。

（4）捏造事实、伪造材料诬告陷害。

（5）其他不正确行使党员权利的行为。

30. 对党员个体侵犯党员权利的处理方式有哪些？

对侵犯党员权利行为的处理是保障党员权利的重要环节。《中国共产党党员权利保障条例》规定，侵犯党员权利的党员的处理方式，主要有以下几种：对于有侵犯党员权利行为的党员，其所在党组织或者上级党组织可以采取责令停止侵权行为、责令赔礼道歉，以及批评教育、责令检查、诫勉等方式给予处理；情节较重的，按照规定给予组织调整或者组织处理、党纪处分。

31. 对侵犯党员权利的党组织的处理方式有哪些？

《中国共产党党员权利保障条例》规定，对于有侵犯党员权利行为的党组织，上级党组织应当责令整改；情节较重的，按照规定追究有关纪律责任。

32. 对侵犯党员权利行为的处理程序是什么？

党员权利受到党组织或党员侵犯时，可以向党的各级委员会、纪律检查委员会提出控告。党的各级委员会、纪律检查委员会要按照《中国共产党纪律检查机关控告申诉工作条例》所规定的程序和方法进行处理。党的各级委员会、纪律检查委员会应把查处侵犯党员权利的案件作为保障党员权利的重要环节纳入重要工作内容，采取切实有效的措施，严肃查处侵犯党员权利的案件。对于打击报复案件的定性，应经县和县以上纪律检查委员会的批准。

第六章

党的干部工作

1. 新时代干部工作的总要求是什么？

新时代干部工作的总要求是坚持党管干部原则，坚持德才兼备、以德为先，坚持五湖四海、任人唯贤，坚持好干部标准，坚持正确用人导向，统筹干部素质培养、知事识人、选拔任用、从严管理、正向激励体系建设，统筹领导班子和干部队伍建设，统筹党政机关、人民团体、国有企业和事业单位干部队伍建设，着力建设忠诚干净担当的高素质专业化干部队伍。

2. 干部教育培训工作应当遵循的原则是什么？

（1）政治统领，服务大局。旗帜鲜明讲政治，坚持和加强党的全面领导，紧紧围绕党和国家事业发展需要开展教育培训，始终保持正确政治方向。

（2）育德为先，注重能力。坚持新时代好干部标准，突出党的创新理论武装和党性教育，加强能力培训，全面提高干部德才素质和履职能力。

（3）分类分级，全面覆盖。按照干部管理权限组织实施教育培训，把教育培训的普遍性要求与不同类别、不同层级、不同岗位干部的特殊需要结合起来，增强针对性，确保全员培训。

（4）联系实际，学以致用。大力弘扬马克思主义学风，围绕中心工作，坚持问题导向，引导干部加强主观世界和客观世界改造，做到学思用贯通、知信行统一。

（5）与时俱进，守正创新。继承和发扬干部教育培训优良传统和作风，遵循干部成长规律和干部教育培训规律，推进干部教育培训理论创新、实践创新、制度创新。

（6）依规依法，从严管理。建立健全干部教育培训法规制度，推进干部教育培训规范管理，从严治校、从严治教、从严治学，保持良好的教学秩序和学习风气。

3. 干部教育培训对象的范围是什么？

干部有接受教育培训的权利和义务。干部教育培训的对象是全体干部，重点是县处级以上党政领导干部和优秀年轻干部。

4. 干部应当参加哪些教育培训？

干部应当根据不同情况参加相应的教育培训：党的理论教育和党性教育的专题培训；贯彻落实党和国家重大决策部署的集中轮训；新录（聘）用的初任培训；晋升领导职务的任职培训；提升履职能力的在职培训；其他培训。

5. 干部参加教育培训的量化要求是什么？

省部级、厅局级、县处级党政领导干部和 4 级调研员及相当层次职级以上公务员，经组织选调，应当每 5 年参加党校（行政学院）、干部学院等干部教育培训机构脱产培训，以及干部教育培训主管部门认可的其他集中培训，累计不少于 3 个月或者 550 学时。提拔担任领导职务的，确因特殊情况在提任前未达到教育培训要求的，应当在提任后 1 年内完成培训。干部教育培训主管部门应当作出规划，统筹安排。

乡科级党政领导干部和一级主任科员及相当层次职级以下公务员，应当每年参加干部教育培训主管部门认可的集中培训，累计不少于 12 天或者 90 学时。

干部应当结合岗位职责参加网络培训，完成规定的学时。

6. 干部教育培训的内容是什么？

（1）干部教育培训以深入学习贯彻习近平新时代中国特色社会主义思想为主题主线，以党的理论教育、党性教育和履职能力培训为重点，注重知识培训，全面提高干部素质和能力。

（2）党的理论教育重点开展马克思列宁主义、毛泽东思想、邓小平理论、“三个代表”重要思想、科学发展观教育培训，全面加强习近平新时代中国特色社会主义思想教育培训，加强党的路线方针政策教育培训，引导干部自觉做共产主义远大理想和中国特色社会主义共同理想的坚定信仰者和忠实实践者，提高运用马克思主义立场观点方法分析解决实际问题的能力，增强适应新时代要求、推进中国式现代化建设的本领。

突出党的创新理论教育，坚持用习近平新时代中国特色社会主义思想统一思想、统一意志、统一行动，教育引导干部全面系统掌握这一思想的基本观点、科学体系，把握好这一思想的世界观、方法论，坚持好、运用好贯穿其中的立场观点方法，深刻领悟“两个确立”的决定性意义，增强“四个意识”、坚定“四个自信”、做到“两个维护”，不断提高政治判断力、政治领悟力、政治执行力，自觉在思想上政治上行动上同以习近平同志为核心的党中央保持高度一致。对党外干部，也应当根据其特点，开展相应的政治理论教育。

（3）党性教育重点开展理想信念、党的宗旨、革命传统、党风廉政教育。突出党章和党规党纪学习教育，强化政治忠诚教育，加强政治纪律和政治规矩教育，加强斗争精神和斗争本领养成，深入开展党史、新中国史、改革开放史、社会主义发展史、中华民族发展史学习教育，坚持用以伟大建党精神为源头的中国共产党人精神谱系教育干部，加强铸牢中华民族共同体意识教育，开展社会主义核心价值观教育、中华优秀传统文化教育、中华民族传统美德教育，开展政德教育、警示教育，引导党员干部提高思想觉悟、精神境界、道德修养，树立正确的权力观、政绩观、事业观，做到对党忠诚、个人干净、敢于担当，永葆共产党人政治本色。

（4）履职能力培训重点开展党中央关于经济建设、政治建设、文化建设、社会建设、生态文明建设和党的建设等方面重大决策部署的培训，分领域分专题学深学透习近平总书记重要思想、重要论述，提升推动高质量发展本领、服务群众本领、防范化解风险本领。加强宪法、法律和政策法规教育培训，提高干部科学执政、民主执政、依法执政水平。开展总体国家安全观教育，增强干部国家安全意识，提高统筹发展和安全能力。

（5）知识培训应当根据干部岗位特点和工作要求，有针对性地开展履行岗位职责所必备知识的培训，加强各种新知识新技能的教育培训，帮助干部优化知识结构、完善知识体系、提高综合素养。

7. 干部教育培训的方式方法有哪些？

干部教育培训以脱产培训、党委（党组）理论学习中心组学习、网络培训、在职自学等方式进行。

（1）脱产培训以组织调训为主。干部教育培训主管部门负责制定调训计划、选调干部参加培训，对重要岗位的干部可以实行点名调训。干部所在单位按照计划完成调训任务。干部必须服从组织调训。

（2）党委（党组）理论学习中心组学习以政治学习为根本，以深入学习贯彻习近平新时代中国特色社会主义思想为主题主线，在个人自学和专题调研基础上保证每个季度不少于 1 次集体学习研讨。

（3）充分运用现代信息技术，完善网络培训制度，建立兼容、开放、共享、规范的干部网络培训体系。提高干部教育培训教学和管理数字化水平，用好大数据、人工智能等技术手段。

（4）建立健全干部在职自学制度。干部所在单位应当支持鼓励干部在职自学，并提供必要条件。

（5）干部教育培训应当根据内容要求和干部特点，综合运用讲授式、研讨式、案例式、模拟式、体验式、访谈式、行动学习等方法，实现教学相长、学学相长。

干部教育培训主管部门应当引导和支持干部教育培训机构积极开展方式方法创新。

8. 选拔任用党政领导干部必须坚持的原则是什么？

一是党管干部。二是德才兼备、以德为先，五湖四海、任人唯贤。三是事业为上、人岗相适、人事相宜。四是公道正派、注重实绩、群众公认。五是民主集中制。六是依法依规办事。

9. 选拔任用党政领导干部应注意的事项有哪些？

（1）选拔任用党政领导干部，必须把政治标准放在首位，符合将领导班子建设成为坚持党的基本理论、基本路线、基本方略，全心全意为人民服务，具有推进新时代中国特色社会主义事业发展的能力，结构合理、团结坚强的领导集体的要求。

（2）树立注重基层和实践的导向，大力选拔敢于负责、勇于担当、善于作为、实绩突出的干部。

（3）注重发现和培养选拔优秀年轻干部，用好各年龄段干部。

（4）统筹做好培养选拔女干部、少数民族干部和党外干部工作。

（5）对不适宜担任现职的领导干部应当进行调整，推进领导干部能上能下。

10. 党政领导干部必须具备的基本条件有哪些？

党政领导干部必须信念坚定、为民服务、勤政务实、敢于担当、清正廉洁，具备下列基本条件：

（1）自觉坚持以马克思列宁主义、毛泽东思想、邓小平理论、“三个代表”重要思想、科学发展观、习近平新时代中国特色社会主义思想为指导，努力用马克思主义立场、观点、方法分析和解决实际问题，坚持讲学习、讲政治、讲正气，牢固树立“四个意识”，坚定“四个自信”，做到“两个维护”，自觉在思想上政治上行动上同党中央保持高度一致，经得起各种风浪考验。

（2）具有共产主义远大理想和中国特色社会主义坚定信念，坚定“四个自信”，坚决贯彻执行党的理论和路线方针政策，立志改革开放，献身现代化事业，在社会主义建设中艰苦创业，树立正确政绩观，做出经得起实践、人民、历史检验的实绩。

（3）坚持解放思想，实事求是，与时俱进，求真务实，认真调查研究，能够把党的方针政策同本地区本部门实际相结合，卓有成效地开展工作，落实“三严三实”要求，主动担当作为，真抓实干，讲实话，办实事，求实效。

（4）有强烈的革命事业心、政治责任感和历史使命感，有斗争精神和斗争本领，有实践经验，有胜任领导工作的组织能力、文化水平和专业素养。

（5）正确行使人民赋予的权力，坚持原则，敢抓敢管，依法办事，以身作则，艰苦朴素，勤俭节约，坚持党的群众路线，密切联系群众，自觉接受党和群众的批评、监督，加强道德修养，讲党性、重品行、作表率，带头践行社会主义核心价值观，廉洁从政、廉洁用权、廉洁修身、廉洁齐家，做到自重自省自警自励，反对形式主义、官僚主义、享乐主义和奢靡之风，反对任何滥用职权、谋求私利的行为。

（6）坚持和维护党的民主集中制，有民主作风，有全局观念，善于团结同志，包括团结同自己有不同意见的同志一道工作。

11. 提拔担任党政领导职务应当具备的基本资格是什么?

（1）提任县处级领导职务的，应当具有 5 年以上工龄和两年以上基层工作经历。

（2）提任县处级以上领导职务的，一般应当具有在下一级两个以上职位任职的经历。

（3）提任县处级以上领导职务，由副职提任正职的，应当在副职岗位工作两年以上；由下级正职提任上级副职的，应当在下级正职岗位工作 3 年以上。

（4）一般应当具有大学专科以上文化程度，其中厅局级以上领导干部一般应当具有大学本科以上文化程度。

（5）应当经过党校（行政学院）、干部学院或者组织（人事）部门认可的其他培训机构的培训，培训时间应当达到干部教育培训的有关规定要求。确因特殊情况在提任前未达到培训要求的，应当在提任后一年内完成培训。

（6）具有正常履行职责的身体条件。

（7）符合有关法律规定的资格要求。提任党的领导职务的，还应当符合《中国共产党章程》等规定的党龄要求。

职级公务员担任领导职务，按照有关规定执行。

12. 党政领导干部破格提拔的条件是什么？

党政领导干部应当逐级提拔。特别优秀或者工作特殊需要的干部，可以突破任职资格规定或者越级提拔担任领导职务。

（1）破格提拔的特别优秀干部，应当政治过硬、德才素质突出、群众公认度高，且符合下列条件之一：在关键时刻或者承担急难险重任务中经受住考验、表现突出、作出重大贡献；在条件艰苦、环境复杂、基础差的地区或者单位工作实绩突出；在其他岗位上尽职尽责，工作实绩特别显著。

（2）因工作特殊需要破格提拔的干部，应当符合下列情形之一：领导班子结构需要或者领导职位有特殊要求的；专业性较强的岗位或者重要专项工作急需的；艰苦边远地区、贫困地区急需引进的。

（3）破格提拔干部必须从严掌握。不得突破《党政领导干部选拔任用工作条例》第七条规定的基本条件和第八条第一款第七项规定的资格要求。任职试用期未满或者提拔任职不满一年的，不得破格提拔。不得在任职年限上连续破格。不得越两级提拔。

13. 选拔任用党政领导干部要经过哪些步骤？

党政领导干部的选拔任用，一般要经过分析研判和动议、民主推荐、考察、讨论决定、任职等 5 个步骤。

14. 分析研判和动议的程序是什么？

（1）组织（人事）部门应当深化对干部的日常了解，坚持知事识人，把功夫下在平时，全方位、多角度、近距离了解干部。根据日常了解情况，对领导班子和领导干部进行综合分析研判，为党委（党组）选人用人提供依据和参考。

（2）党委（党组）或者组织（人事）部门根据工作需要和领导班子建设实际，结合综合分析研判情况，提出启动干部选拔任用工作意见。

（3）组织（人事）部门综合有关方面建议和平时了解掌握的情况，对领导班子和领导干部进行动议分析，就选拔任用的职位、条件、范围、方式、程序和人选意向等提出初步建议。个人向党组织推荐领导干部人选，必须负责地写出推荐材料并署名。

（4）组织（人事）部门将初步建议向党委（党组）主要领导成员汇报，对初步建议进行完善，在一定范围内进行沟通酝酿，形成工作方案。

对动议的人选严格把关，根据工作需要，可以提前核查有关事项。

（5）研判和动议时，根据工作需要和实际情况，如确有必要，也可以把公开选拔、竞争上岗作为产生人选的一种方式。领导职位出现空缺且本地区本部门没有合适人选的，特别是需要补充紧缺专业人才或者配备结构需要干部的，可以通过公开选拔产生人选；领导职位出现空缺，本单位本系统符合资格条件人数较多且需要进一步比选择优的，可以通过竞争上岗产生人选。公开选拔、竞争上岗一般适用于副职领导职位。

公开选拔、竞争上岗应当结合岗位特点，坚持组织把关，突出政治素质、专业素养、工作实绩和一贯表现，防止简单以分数、票数取人。

公开选拔、竞争上岗设置的资格条件突破规定的，应当事先报上级组织（人事）部门审核同意。

15. 民主推荐的程序是什么?

选拔任用党政领导干部，应当经过民主推荐。民主推荐包括谈话调研推荐和会议推荐，推荐结果作为选拔任用的重要参考，在一年内有效。

领导班子换届，民主推荐按照职位设置全额定向推荐；个别提拔任职或者进一步使用，可以按照拟任职位进行定向推荐，也可以根据拟任职位的具体情况进行非定向推荐；进一步使用的，可以采取听取意见的方式进行，其中正职也可以参照个别提拔任职进行民主推荐。

地方领导班子换届，民主推荐应当经过下列程序：进行谈话调研推荐，提前向谈话对象提供谈话提纲、换届政策说明、干部名册等相关材料，提出有关要求，提高谈话质量；综合考虑谈话调研推荐情况以及人选条件、岗位要求、班子结构等，经与本级党委沟通协商后，由上级党委或者组织部门研究提出会议推荐参考人选，参考人选应当差额提出；召开推荐会议，由本级党委主持，考察组说明换届有关政策，介绍参考人选产生情况，提出有关要求，组织填写推荐表；对民主推荐情况进行综合分析；向上级党委或者组织部门汇报民主推荐情况。

个别提拔任职，或者进一步使用需要进行民主推荐的，民主推荐程序可以参照《党政领导干部选拔任用工作条例》第十八条规定进行；必要时也可以先进行会议推荐，再进行谈话调研推荐。先进行谈话调研推荐的，可以提出会议推荐参考人选，参考人选应当差额提出。单位人数较少、参加会议推荐人员范围与谈话调研推荐人员范围基本相同，且谈话调研推荐意见集中的，根据实际情况，可以不再进行会议推荐。根据工作需要，可以在民主推荐前对推荐职位、条件、范围以及符合职位要求和任职条件的人选，在人选所在地区或者单位领导班子范围内进行沟通。

党委和政府及其工作部门个别特殊需要的领导成员人选，可以由党委（党组）或者组织（人事）部门推荐，报上级组织（人事）部门同意后作为考察对象。

16. 考察党政领导干部的程序是什么？

（1）确定考察对象。确定考察对象，应当根据工作需要和干部德才条件，将民主推荐与日常了解、综合分析研判以及岗位匹配度等情况综合考虑，深入分析、比较择优，防止把推荐票等同于选举票、简单以推荐票取人。

地方领导班子换届，由本级党委书记与副书记、分管组织、纪检监察等工作的常委根据上级党委组织部门反馈的情况，对考察对象人选进行酝酿，本级党委常委会研究提出考察对象建议名单，经与上级党委组织部门沟通后，确定考察对象。对拟新进党政领导班子的考察对象，应当在一定范围内公示。个别提拔任职或者进一步使用，按照干部管理权限，由党委（党组）或者上级组织（人事）部门研究确定考察对象。考察对象一般应当多于拟任职务人数，个别提拔任职或者进一步使用时意见比较集中的，也可以等额确定考察对象。

（2）严格考察。对确定的考察对象，由组织（人事）部门进行严格考察。

双重管理干部的考察工作，由主管方负责组织实施，根据工作需要会同协管方进行。

考察党政领导职务拟任人选，必须依据干部选拔任用条件和不同领导职务的职责要求，全面考察其德、能、勤、绩、廉，严把政治关、品行关、能力关、作风关、廉洁关。具体而言，要对拟任人选的以下 7 个方面进行严格考察：

①突出政治标准，注重了解政治理论学习情况，深入考察政治忠诚、政治定力、政治担当、政治能力、政治自律等方面的情况。

②深入考察道德品行，加强对工作时间之外表现的考察，注重了解社会公德、职业道德、家庭美德、个人品德等方面的情况。

③强化专业素养考察，深入了解专业知识、专业能力、专业作风、专业精神等方面的情况。

④注重考察工作实绩，围绕贯彻落实党中央重大决策部署，统筹推进“五位一体”总体布局和协调推进“四个全面”战略布局，深入了解履行岗位职责、贯彻新发展理

念、推动高质量发展取得的实际成效。考察地方党政领导班子成员，应当把经济建设、政治建设、文化建设、社会建设、生态文明建设和党的建设等情况作为考察评价的重要内容，防止单纯以经济增长速度评定工作实绩。考察党政工作部门领导干部，应当把履行党的建设职责，制定和执行政策、推动改革创新、营造良好发展环境、提供优质公共服务、维护社会公平正义等作为考察评价的重要内容。

⑤加强作风考察，深入了解为民服务、求真务实、勤勉敬业、敢于担当、奋发有为，遵守中央八项规定精神，反对形式主义、官僚主义、享乐主义和奢靡之风等情况。

⑥强化廉政情况考察，深入了解遵守廉洁自律有关规定，保持高尚情操和健康情趣，慎独慎微，秉公用权，清正廉洁，不谋私利，严格要求亲属和身边工作人员等情况。

⑦根据实际需要，针对不同层级、不同岗位考察对象，实行差异化考察。对党政正职人选，坚持更高标准、更严要求，突出把握政治方向、驾驭全局、抓班子带队伍等方面情况的考察。

考察党政领导职务拟任人选，应当保证充足的考察时间，经过下列程序：

①制定考察工作方案。

②同考察对象呈报单位或者所在单位党委（党组）主要领导成员就考察工作方案沟通情况，征求意见。

③根据考察对象的不同情况，通过适当方式在一定范围内发布干部考察预告。

④采取个别谈话、发放征求意见表、民主测评、实地走访、查阅干部人事档案和工作资料等方法，广泛深入地了解情况，根据需要进行专项调查、延伸考察等，注意了解考察对象生活圈、社交圈情况。

⑤同考察对象面谈，进一步了解其政治立场、思想品质、价值取向、见识见解、适应能力、性格特点、心理素质等方面情况，以及缺点和不足，鉴别印证有关问题，深化对考察对象的研判。

⑥综合分析考察情况，与考察对象的一贯表现进行比较、相互印证，全面准确地对考察对象作出评价。

⑦向考察对象呈报单位或者所在单位党委（党组）主要领导成员反馈考察情况，并交换意见。

⑧考察组研究提出人选任用建议，向派出考察组的组织（人事）部门汇报，经组织（人事）部门集体研究提出任用建议方案，向本级党委（党组）报告。

考察内设机构领导职务拟任人选程序，可以根据实际情况适当简化。

（3）听取意见、审核查核有关材料等。考察党政领导职务拟任人选，应当听取考察对象所在单位组织（人事）部门、纪检监察机关、机关党组织的意见，根据需要可以听取巡视巡察机构、审计机关和其他相关部门意见。

组织（人事）部门必须严格审核考察对象的干部人事档案，查核个人有关事项报告，就党风廉政情况听取纪检监察机关意见，对反映问题线索具体、有可查性的信访举报进行核查。对需要进行经济责任审计的考察对象，应当事先按照有关规定进行审计。

考察对象呈报单位或者所在单位党委（党组）必须就考察对象廉洁自律情况提出结论性意见，并由党委（党组）书记、纪委书记（纪检监察组组长）签字。机关内设机构领导职务的拟任人选考察对象，也应当由相关党组织和纪检监察机构出具廉洁自律情况结论性意见。

（4）考察材料归档。考察党政领导职务拟任人选，必须形成书面考察材料，建立考察文书档案。已经任职的，考察材料归入本人干部人事档案。考察材料必须写实，评判应当全面、准确、客观，用具体事例反映考察对象的情况，包括下列内容：

①德、能、勤、绩、廉方面的主要表现以及主要特长、行为特征。

②主要缺点和不足。

③民主推荐、民主测评、考察谈话情况。

④审核干部人事档案、查核个人有关事项报告、听取纪检监察机关意见、核查信访举报等情况的结论。

党委（党组）或者组织（人事）部门选派具有较高素质的人员组建考察组，考察组由两名以上成员组成。考察组负责人应当由思想政治素质好、具有较丰富工作经验并熟悉干部工作的人员担任。

17. 党政领导干部不得列为考察对象的情形有哪些？

有下列情形之一的，不得列为考察对象：

（1）违反政治纪律和政治规矩的。

（2）群众公认度不高的。

（3）上一年年度考核结果为基本称职以下等次的。

（4）有跑官、拉票等非组织行为的。

（5）除特殊岗位需要外，配偶已移居国（境）外，或者没有配偶但子女均已移居国（境）外的。

（6）受到诫勉、组织处理或者党纪政务处分等影响期未满或者期满影响使用的。

（7）其他原因不宜提拔或者进一步使用的。

18. 讨论决定干部任免的程序是什么?

（1）酝酿拟任人选。党政领导职务拟任人选，在讨论决定或者决定呈报前，应当根据职位和人选的不同情况，分别在党委（党组）、人大常委会、政府、政协等有关领导成员中进行酝酿。

工作部门领导成员拟任人选，应当征求上级分管领导成员的意见。非中共党员拟任人选，应当征求党委统战部门和民主党派、工商联主要领导成员、无党派代表人士的意见。

双重管理干部的任免，主管方应当事先征求协管方意见，进行酝酿。征求意见一般采用书面形式进行。协管方自收到主管方意见之日起一个月内未予答复的，视为同意。双方意见不一致时，正职的任免报上级党委组织部门协调，副职的任免由主管方决定。

（2）会议讨论决定。党委（党组）讨论决定干部任免事项，必须有 2/3 以上成员到会，并保证与会成员有足够时间听取情况介绍、充分发表意见。与会成员对任免事项，应当逐一发表同意、不同意或者缓议等明确意见，党委（党组）主要负责人应当最后表态。在充分讨论的基础上，采取口头表决、举手表决或者无记名投票等方式进行表决。意见分歧较大时，暂缓进行表决。

党委（党组）有关干部任免的决定，需要复议的，应当经党委（党组）超过半数成员同意后方可进行。

党委（党组）讨论决定干部任免事项，应当按照下列程序进行：①党委（党组）分管组织（人事）工作的领导成员或者组织（人事）部门负责人，逐个介绍领导职务拟任人选的推荐、考察和任免理由等情况，其中涉及破格提拔等需要按照要求事先向上级组织（人事）部门报告的选拔任用有关工作事项，应当说明具体事由和征求上级组织（人事）部门意见的情况；②参加会议人员进行充分讨论；③进行表决，以党委（党组）应到会成员超过半数同意形成决定。

（3）审批备案。需要报上级党委（党组）审批的拟提拔任职的干部，必须呈报党委（党组）请示并附干部任免审批表、干部考察材料、本人干部人事档案和党委（党组）会议纪要、讨论记录、民主推荐情况等材料。上级组织（人事）部门对呈报的材料应当严格审查。

需要报上级备案的干部，应当按照规定及时向上级组织（人事）部门备案。

19. 党政领导干部拟任人选不得提交会议讨论的情形有哪些?

（1）没有按照规定进行民主推荐、考察的。

（2）拟任人选所在单位党委（党组）对廉洁自律情况没有作出结论性意见的，或者纪检监察机关未反馈意见的，或者纪检监察机关有不同意见的。

（3）个人有关事项报告未查核或者经查核存疑尚未查清的。

（4）线索具体、有可查性的信访举报尚未调查清楚的。

（5）干部人事档案中身份、年龄、工龄、党龄、学历、经历等存疑尚未查清的。

（6）巡视巡察、审计等工作中发现重大问题尚未作出结论的。

（7）没有按照规定向上级报告或者报告后未经批复同意的干部任免事项。

（8）其他原因不宜提交会议讨论的。

20. 党政领导干部任职制度有哪些?

（1）党政领导职务实行选任制、委任制，部分专业性较强的领导职务可以实行聘任制。

（2）实行党政领导干部任职前公示制度。提拔担任厅局级以下领导职务的，除特殊岗位和在换届考察时已进行过公示的人选外，在党委（党组）讨论决定后、下发任职通知前，应当在一定范围内公示。公示内容应当真实准确，便于监督，涉及破格提拔的还应当说明破格的具体情形和理由。公示期不少于 5 个工作日。公示结果不影响任职的，办理任职手续。

（3）实行党政领导干部任职试用期制度。提拔担任下列非选举产生的厅局级以下领导职务的，试用期为一年：①党委、人大常委会、政府、政协工作部门副职和内设机构领导职务；②纪委监委机关内设机构、派出机构领导职务；③法院、检察院内设机构的非国家权力机关依法任命的领导职务。试用期满后，经考核胜任现职的，正式任职；不胜任的，免去试任职务，一般按照试任前职级或者职务层次安排工作。

（4）实行任职谈话制度。对决定任用的干部，由党委（党组）指定专人同本人谈话，肯定成绩，指出不足，提出要求和需要注意的问题。对破格提拔以及通过公开选拔、竞争上岗任职的干部，试用期满正式任职时，党委（党组）还应当指定专人进行谈话。

21. 党政领导干部交流制度的内容是什么？

（1）交流的对象主要是：因工作需要交流的；需要通过交流锻炼提高领导能力的；在一个地方或者部门工作时间较长的；按照规定需要回避的；因其他原因需要交流的。交流的重点是县级以上地方党委和政府的领导成员，纪委监委、法院、检察院、党委和政府部分工作部门的主要领导成员。

（2）地方党委和政府领导成员原则上应当任满一届，在同一职位上任职满10年的，必须交流；在同一职位连续任职达到两个任期的，不再推荐、提名或者任命担任同一职务。同一地方（部门）的党政正职一般不同时易地交流。

（3）党政机关内设机构处级以上领导干部在同一职位上任职时间较长的，应当进行交流。

（4）经历单一或者缺少基层工作经历的年轻干部，应当有计划地派到基层、艰苦边远地区和复杂环境工作，坚决防止“镀金”思想和短期行为。

（5）加强工作统筹，加大干部交流力度。推进地方与部门之间、地区之间、部门之间、党政机关与国有企事业单位以及其他社会组织之间的干部交流，推动形成国有企事业单位、社会组织干部人才及时进入党政机关的良性工作机制。

（6）干部交流由党委（党组）及其组织（人事）部门按照干部管理权限组织实施，严格把握人选的资格条件。干部个人不得自行联系交流事宜，领导干部不得指定交流人选。同一干部不宜频繁交流。

（7）交流的干部接到任职通知后，应当在党委（党组）或者组织（人事）部门限定的时间内到任。跨地区跨部门交流的，应当同时转移行政关系、工资关系和党的组织关系。

22. 党政领导干部任职回避制度的内容是什么？

党政领导干部任职回避的亲属关系为：夫妻关系、直系血亲关系、3 代以内旁系血亲以及近姻亲关系。有上述亲属关系的，不得在同一机关担任双方直接隶属于同一领导人员的职务或者有直接上下级领导关系的职务，也不得在其中一方担任领导职务的机关从事组织（人事）、纪检监察、审计、财务工作。

领导干部不得在本人成长地担任县（市）党委和政府以及纪委监委、组织部门、法院、检察院、公安部门主要领导成员，一般不得在本人成长地担任市（地、盟）党委和政府以及纪委监委、组织部门、法院、检察院、公安部门主要领导成员。

第七章

党务公开和党费收缴

1. 什么是党务公开？

党务公开是指党的组织将其实施党的领导活动、加强党的建设工作的有关事务，按规定在党内或者向党外公开。

2. 党务公开的主体是什么？

党的中央组织、地方组织、基层组织，党的纪律检查机关、工作机关以及其他党的组织。

3. 党务公开应当遵循的原则是什么？

党务公开应当遵循以下 4 项原则：

（1）坚持正确方向。坚持维护以习近平同志为核心的党中央权威和集中统一领导，认真贯彻落实习近平新时代中国特色社会主义思想，牢固树立“四个意识”，坚定“四个自信”，把党务公开放到新时代中国特色社会主义的伟大实践中来谋划和推进，把坚持和完善党的领导要求贯彻到党务公开的全过程和各方面。

（2）坚持发扬民主。保障党员民主权利，落实党员知情权、参与权、选举权、监督权，更好调动全党积极性、主动性、创造性，及时回应党员和群众关切，以公开促落实、促监督、促改进。

（3）坚持积极稳妥。注重党务公开与政务公开等的衔接联动，统筹各层级、各领域党务公开工作，一般先党内后党外，分类实施，务求实效。

（4）坚持依规依法。尊崇党章，依规治党，依法办事，科学规范党务公开的内容、范围、程序和方式，增强严肃性、公信度，不断提升党务公开工作制度化、规范化水平。

4. 党务公开的范围是什么？

党的组织应当根据党务与党员和群众的关联程度合理确定公开范围。

（1）领导经济社会发展、涉及人民群众生产生活的党务，向社会公开。

（2）涉及党的建设重大问题或者党员义务权利，需要全体党员普遍知悉和遵守执行的党务，在全党公开。

（3）各地区、各部门、各单位的党务，在本地区、本部门、本单位公开。

（4）涉及特定党的组织、党员和群众切身利益的党务，对特定党的组织、党员和群众公开。

5. 党务公开的内容一般有哪些？

党的组织贯彻落实党的基本理论、基本路线、基本方略情况，领导经济社会发展情况，落实全面从严治党责任、加强党的建设情况，以及党的组织职能、机构等情况，除涉及党和国家秘密不得公开或者依照有关规定不宜公开的事项外，一般应当公开。

党务公开不得危及政治安全特别是政权安全、制度安全，以及经济安全、军事安全、文化安全、社会安全、国土安全和国民安全等。

6. 党的中央组织应当公开的内容有哪些？

党的中央组织公开党的理论和路线方针政策，管党治党、治国理政重大决策部署，习近平总书记有关重要讲话、重要指示，党中央重要会议、活动和重要人事任免，党的中央委员会、中央政治局、中央政治局常务委员会加强自身建设等情况。

7. 党的地方组织应当公开的内容有哪些?

（1）学习贯彻党中央和上级组织决策部署，坚决维护以习近平同志为核心的党中央权威和集中统一领导情况。

（2）本地区经济社会发展部署安排、重大改革事项、重大民生措施等重大决策和推进落实情况，以及重大突发事件应急处置情况。

（3）履行全面从严治党主体责任，坚持贯彻民主集中制原则，严肃党内政治生活，全面负责本地区党的建设情况。

（4）本地区党的重要会议、活动和重要人事任免情况。

（5）党的地方委员会加强自身建设情况。

（6）其他应当公开的党务。

8. 党的基层组织应当公开的内容有哪些?

（1）学习贯彻党中央和上级组织决策部署，坚决维护以习近平同志为核心的党中央权威和集中统一领导情况。

（2）任期工作目标、阶段性工作部署、重点工作任务及落实情况。

（3）加强思想政治工作、开展党内学习教育、组织党员教育培训、执行“三会一课”制度等情况。

（4）换届选举、党组织设立、发展党员、民主评议、召开组织生活会、保障党员权利、党费收缴使用管理以及党组织自身建设等情况。

（5）防止和纠正“四风”现象，联系服务党员和群众情况。

（6）落实管党治党政治责任，加强党风廉政建设，对党员作出组织处理和纪律处分情况。

（7）其他应当公开的党务。

9. 党的纪律检查机关应当公开的内容有哪些？

（1）学习贯彻党中央大政方针和重大决策部署，坚决维护以习近平同志为核心的党中央权威和集中统一领导，贯彻落实本级党委、上级纪律检查机关工作部署情况。

（2）开展纪律教育、加强纪律建设，维护党章党规党纪情况。

（3）查处违反中央八项规定精神，发生在群众身边、影响恶劣的不正之风和腐败问题情况。

（4）对党员领导干部严重违纪涉嫌违法犯罪进行立案审查、组织审查和给予开除党籍处分情况。

（5）对党员领导干部严重失职失责进行问责情况。

（6）加强纪律检查机关自身建设情况。

（7）其他应当公开的党务。

10. 党务公开的程序是什么？

凡列入党务公开目录的事项，有关党的组织应当按照以下程序及时主动公开：

（1）提出。党的组织有关部门研究提出党务公开方案，拟订公开的内容、范围、时间、方式等。

（2）审核。党的组织有关部门进行保密审查，并从必要性、准确性等方面进行审核。

（3）审批。党的组织依照职权对党务公开方案进行审批，超出职权范围的必须按程序报批。

（4）实施。党的组织有关部门按照经批准的方案实施党务公开。

11. 党务公开的方式是什么？

党的组织应当根据党务公开的内容和范围，选择适当的公开方式。

（1）在党内公开的，一般采取召开会议、制发文件、编发简报、在局域网发布等方式。向社会公开的，一般采取发布公报、召开新闻发布会、接受采访，在报刊、广播、电视、互联网、新媒体、公开栏发布等方式，优先使用党报党刊、电台电视台、重点新闻网站等党的媒体进行发布。

（2）党的中央纪律检查机关、党中央有关工作机关，县级以上地方党委以及地方纪律检查机关、地方党委有关工作机关应当建立和完善党委新闻发言人制度，逐步建立例行发布制度，及时准确发布重要党务信息。

（3）党务公开可以与政务公开、厂务公开、村（居）务公开、公共事业单位办事公开等方面的载体和平台实现资源共享的，应当统筹使用。有条件的党的组织可以建立统一的党务信息公开平台。

（4）注重党务公开相关信息监测反馈，对引起重大舆情反应的，应当及时报告。发现有不真实、不完整、不准确的信息，应当及时加以澄清和引导。

（5）建立健全党员旁听党委会议、党的代表大会代表列席党委会议、党内情况通报反映、党内事务咨询、重大决策征求意见、重大事项社会公示和社会听证等制度，发展和用好党务公开新形式，不断拓展党员和群众参与党务公开的广度和深度。

12. 如何对党务公开进行监督与追责？

（1）党的组织应当将党务公开工作情况纳入向上一级组织报告工作或者抓党建工作专题报告的重要内容。

（2）党的组织应当将党务公开工作情况作为履行全面从严治党政治责任的重要内容，对下级组织及其主要负责人进行考核。党的组织应当每年向有关党员和群众通报党务公开情况，并纳入民主评议党员范围，主动听取群众意见。

（3）党的组织应当建立健全党务公开工作督查机制，开展经常性检查和专项督查，专项督查可以与党风廉政建设责任制检查考核、党建工作考核等相结合。督查情况应当在适当范围通报。

（4）对违反《中国共产党党务公开条例（试行）》规定并造成不良后果的，应当依规依纪追究有关党的组织、党员领导干部和工作人员的责任。

13. 什么是党费？

党费是党员向党组织交纳的用于党的事业和党组织活动的经费。按照党章规定，党员按期向党组织交纳党费，是党员必须具备的基本条件。

党员如果没有正当理由，连续 6 个月不交纳党费，就被认为是自行脱党。

14. 党员交纳党费的计算基数是怎样规定的?

党组织和党员在计算交纳党费基数时，必须严肃认真，严格执行规定，做到准确无误，防止漏计或多计。根据《关于中国共产党党费收缴、使用和管理的规定》，按月领取工资的党员，每月以工资总额中相对固定的、经常性的工资收入（税后）为计算基数，按规定比例交纳党费。工资总额中相对固定的、经常性的工资收入包括：机关工作人员（不含工人）的职务工资、级别工资、津贴补贴；事业单位工作人员的岗位工资、薪级工资、绩效工资、津贴补贴；机关工人的岗位工资、技术等级（职务）工资、津贴补贴；企业人员工资收入中的固定部分（基本工资、岗位工资）和活的部分（奖金）。

15. 党员交纳党费的比例是怎样规定的?

党员交纳党费的比例为：每月工资收入（税后）在3000元以下（含3000元）者，交纳月工资收入的0.5%；3000元以上至5000元（含5000元）者，交纳1%；5000元以上至10000元（含10000元）者，交纳1.5%；10000元以上者，交纳2%。

16. 列入党员交纳党费计算基数的津贴补贴包括哪些收入？

列入交纳党费计算基数的津贴补贴是指根据国家关于规范津贴补贴的有关规定，对各地各单位干部职工普遍发放的规范津贴补贴（工作性津贴和生活性补贴）。对于只有少数地区、部分单位或特殊岗位享有的津贴补贴，比如：艰苦边远地区津贴、特殊岗位津贴和补贴（法院检察院办案津贴、审计补贴、纪检监察办案人员补贴、公安值勤岗位津贴、密码人员岗位津贴、信访岗位津贴、有突出贡献专家享受的政府特殊津贴等）、改革性补贴（住房公积金、住房提租补贴、通信补贴、交通补贴等），以及社会保险类补贴、伤残人员抚恤金等，不列入交纳党费计算基数。

17. 哪些项目可以不列入党费计算基数？

党费计算基数不包括以下项目：个人所得税，养老保险、医疗保险、失业保险、工伤保险、生育保险、住房公积金（包括个人和单位缴纳部分），职业年金、企业年金，住房补贴、交通补贴、公务用车补贴、通信补贴、加班补贴、误餐补贴、取暖费、防暑降温费、物业费等改革性补贴，以及针对少数地区、部分单位、特殊岗位、部分人员发放的津贴补贴。

18. 党员交纳党费计算基数的“税后”应如何计算?

交纳党费计算基数的“税后”是指列入交纳党费计算基数的各项收入之和扣除应缴纳的个人所得税的余额。

例如，某省市机关单位的党员，某月单位为其发放的工资和各项津贴补贴的项目有：职务工资、级别工资、工资改革保留补贴、规范的工作性津贴和生活性补贴，以及住房提租补贴、通信补贴、交通补贴、医疗补贴、住房公积金等。按照《关于中国共产党党费收缴、使用和管理的规定》第一条和《中央组织部组织局关于对党费收缴工作中几个具体问题的问答》第一条规定的口径，职务工资、级别工资、工资改革保留补贴、规范的工作性津贴和生活性补贴列入交纳党费计算基数，其他收入项目不列入交纳党费计算基数。上述列入交纳党费计算基数的各项收入之和扣除该党员缴纳的个人所得税后的余额，即为其税后交纳党费的基数。

19. 实行年薪制的党员如何交纳党费?

实行年薪制人员中的党员，每月以当月实际领取的薪酬收入为计算基数，参照规定的比例交纳党费。

20. 不按月取得收入的个体经营者等人员中的党员如何交纳党费？

不按月取得收入的个体经营者等人员中的党员，每月以个人上季度月平均纯收入为计算基数，参照规定的比例交纳党费。

21. 离退休干部、职工党员如何交纳党费？

离退休干部、职工中的党员，每月以实际领取的离退休费总额或养老金总额为计算基数，5000 元以下（含 5000 元）的按 0.5% 交纳党费，5000 元以上的按 1% 交纳党费。

22. 农民党员如何交纳党费？

农民党员每月交纳党费 0.2 元—1 元。

23. 对农民党员交纳党费的标准为什么提出了 0.2 元—1 元的弹性要求？

经过改革开放以后的发展，农村经济状况发生了很大变化，农民党员的收入已经有了较大增长。但是，考虑到农民收入的地区差异较大，不少农村党员特别是西部地区一些农村老党员收入仍较低，因此，2008 年 2 月 4 日中组部印发的《关于中国共产党党费收缴、使用和管理的规定》对农民党员每月交纳党费标准提出了 0.2 元—1 元的弹性要求，给各地留下空间。对农民党员交纳党费的具体标准，由各省、自治区、直辖市党委组织部根据本地农民收入的实际情况确定。

24. 学生党员如何交纳党费？

学生党员每月交纳党费 0.2 元。

25. 对于尚未落实就业去向，按有关规定将党员组织关系保留在原就读学校党组织的学生党员如何交纳党费？

《中央组织部组织局关于对党费收缴工作中几个具体问题的问答》指出，对于尚未落实就业去向，按有关规定将党员组织关系保留在原就读学校党组织的学生党员，仍向原就读学校党组织交纳党费，其交纳党费的数额，按在校学生党员交纳党费标准执行。

26. 没有经济收入或生活困难的党员如何交纳党费？

下岗失业的党员、依靠抚恤或救济生活的党员、领取当地最低生活保障金的党员，每月交纳党费 0.2 元。交纳党费确有困难的党员，经党支部研究，报上一级党委批准后，可以少交或免交党费。

27. 党员工资收入增加后如何交纳党费？

党员工资收入发生变化后，从按新工资标准领取工资的当月起，以新的工资收入为基数，按照规定比例交纳党费。

28. 预备党员从何时起交纳党费？

预备党员和正式党员的义务是一样的，也要按时交纳党费。预备党员从党支部党员大会通过其为预备党员之日起交纳党费。

29. 流动党员外出期间如何交纳党费？

流动党员外出期间交纳党费的标准，对在流入地就业的流动党员，参照《关于中国共产党党费收缴、使用和管理的规定》第一条、第二条规定执行；对未就业的流动党员，其中，有固定收入的，仍按其原交纳党费的标准执行，没有固定收入的，按以每月不低于 0.2 元的标准交纳党费。

流动党员外出期间一般应向流入地党组织交纳党费。由流出地党组织在流入地建立党组织并进行管理的流动党员，外出期间一般应向在流入地建立的党组织交纳党费；由流出地党组织委托流入地党组织管理的流动党员，外出期间一般应向流入地党组织交纳党费。因外出地点变动频繁而未能落实接收组织关系单位的流动党员，未落实接收组织关系单位期间，可向流出地党组织交纳党费，也可在落实接收组织关系单位后，向流入地党组织补交党费。

30. 党员交纳党费的基本要求是什么？

（1）自觉。党员交纳党费应当自觉、主动，一般应由本人亲自交给党支部或党小组负责收缴党费的同志。

（2）按时。党员交纳党费一般应当按月交纳，不能无故拖延。如遇特殊情况，经党支部同意，可以每季度交纳一次党费。对无正当理由连续 6 个月不交纳党费的，按自行脱党处理。

（3）足额。党员交纳党费应当根据个人的实际收入，按照规定的比例和标准交纳，不得隐瞒收入或减小交纳党费基数少交党费。

31. 党员自愿一次多交纳 1000 元以上的党费如何处理？

党员自愿多交党费不限。自愿一次多交纳 1000 元以上的党费，全部上缴中央。

具体办理办法是：由党员所在基层党委代收后按程序上缴，同时提供该党员简要情况（主要包括党员姓名、性别、出生年月、入党时间、工作单位及职务、简要现实表现、交纳大额党费的主要考虑），省级党委组织部门汇总转交中组部。基层党委及其上级党委组织部门收到大额党费后应在 5 个工作日内上缴。

省级党委组织部门应将代收的大额党费及时上缴中组部，原则上每月上缴 1 次。对身患重病的党员、年龄较大的党员以及有其他特殊诉求的党员，应一事一办、加紧办理，确保党员及时收到中组部出具的大额党费收据。

考虑到个人直接汇款给中组部无法核实其党员身份等因素，凡个人通过汇款的方式直接向中组部交纳 1000 元以上党费的，中组部不予领取汇款，也不开具收据。

32. 党员可以预交或者补交党费吗？

党员应当增强党员意识，主动按月交纳党费。遇到特殊情况，经党支部同意，可以预交或者补交党费，补交党费的时间一般不得超过 6 个月。预交党费后，因收入增加应当提高交纳党费标准的，党员下次交纳党费时应补交差额部分。

33. 党员能否请别人代交党费?

党费应当由党员本人亲自交给党小组或党支部，一般不宜由别人代交。遇有特殊情况，经党支部同意，可以委托其亲属或者其他党员代为交纳。

34. 基层党组织收缴党费应注意的事项有哪些?

基层党组织的组织委员或党小组组长，在收缴下级党组织或党员的党费时，应当注意以下几个问题：

（1）准确核定党员交纳党费的计算基数和数额。要认真区分每一名党员的收入构成，不能图省事、嫌麻烦，笼而统之。

（2）党费的收缴必须公开、透明。收缴党员个人党费必须认真登记，作为党员个人交纳党费的凭证。党支部应当每年至少向党员公布 1 次党费收缴情况，接受党员的监督。

（3）手续必须完备。党小组组长、组织委员和专兼职党费管理人员等党费收缴人员，在党费收缴的往来票据上，按规定要由收款人、经手人签字，立卷存档，以备查询；收缴党费要做到账账相符、账款相符。

（4）基层党组织可根据流动党员等群体实际情况，探索网上交纳党费的具体办法。

35. 党费使用的原则是什么？

使用党费应当坚持统筹安排、量入为出、收支平衡、略有结余的原则。

36. 党费使用的范围是什么？

党费必须用于党的活动，主要作为党员教育经费的补充，其具体使用范围如下：

（1）培训党员。

（2）订阅或购买用于开展党员教育的报刊、资料、音像制品和设备。

（3）表彰先进基层党组织、优秀共产党员和优秀党务工作者。

（4）补助生活困难的党员。

（5）补助遭受严重自然灾害的党员和修缮因灾受损的基层党员教育设施。

第八章

党的纪律处分工作和党内监督问责工作

1. 什么是党的纪律？

党章规定：“党的纪律是党的各级组织和全体党员必须遵守的行为规则，是维护党的团结统一、完成党的任务的保证。党组织必须严格执行和维护党的纪律，共产党员必须自觉接受党的纪律的约束。”因为党的纪律是为工人阶级根本利益服务的纪律，所以党的纪律是统一平等的纪律，是党员必须自觉遵守的纪律，是科学的纪律、铁的纪律。

我们党是靠革命理想和铁的纪律组织起来的马克思主义政党，纪律严明是党的优良传统和独特优势。纪律是党的生命线。党的纪律要求涉及党内生活的各个方面，主要体现在党章和党内其他法规中。《关于新形势下党内政治生活的若干准则》《中国共产党廉洁自律准则》《中国共产党纪律处分条例》《中国共产党党内监督条例》《中国共产党问责条例》和党的一系列专门性法规是对党纪内容的进一步明确和具体化。

2. 党的纪律处分工作的总体要求是什么？

《中国共产党纪律处分条例》第二条规定：党的纪律建设必须坚持以马克思列宁主义、毛泽东思想、邓小平理论、“三个代表”重要思想、科学发展观、习近平新时代中国特色社会主义思想为指导，坚持和加强党的全面领导，坚决维护习近平总书记党中央的核心、全党的核心地位，坚决维护以习近平同志为核心的党中央权威和集中统一领导，弘扬伟大建党精神，坚持自我革命，贯彻全面从严治党战略方针，落实新时代党的建设总要求，推动解决大党独有难题、健全全面从严治党体系，全面加强党的纪律建设，为以中国式现代化全面推进强国建设、民族复兴伟业提供坚强纪律保障。

3. 党的纪律处分工作应遵循什么原则？

（1）坚持党要管党、全面从严治党。把严的基调、严的措施、严的氛围长期坚持下去，加强对党的各级组织和全体党员的教育、管理和监督，把纪律挺在前面，抓早抓小、防微杜渐。

（2）党纪面前一律平等。对违犯党纪的党组织和党员必须严肃、公正执行纪律，党内不允许有任何不受纪律约束的党组织和党员。

（3）实事求是。对党组织和党员违犯党纪的行为，应当以事实为依据，以党章等党内法规和国家法律法规为准绳，执纪执法贯通，准确认定行为性质，区别不同情况，恰当予以处理。

（4）民主集中制。实施党纪处分，应当按照规定程序经党组织集体讨论决定，不允许任何个人或者少数人擅自决定和批准。上级党组织对违犯党纪的党组织和党员作出的处理决定，下级党组织必须执行。

（5）惩前毖后、治病救人。处理违犯党纪的党组织和党员，应当实行惩戒与教育相结合，做到宽严相济。

4. 基层党组织的纪律检查工作重点有哪些？

党章规定，党的总支部委员会和支部委员会设纪律检查委员。随着反腐败斗争持续向纵深推进，纪律检查工作也被列入了基层党组织的重要议事日程。基层党组织纪律检查工作主要包括以下几个方面的内容：一是党性党风党纪教育工作；二是党内监督工作；三是端正基层党风工作；四是信访工作；五是违纪案件查处工作。

5. 党的纪律处分对象是什么？

党组织和党员违反党章和其他党内法规，违反国家法律法规，违反党和国家政策，违反社会主义道德，危害党、国家和人民利益的行为，依照规定应当给予纪律处理或者处分的，都必须受到追究。重点查处党的十八大以来不收敛、不收手，问题线索反映集中、群众反映强烈，政治问题和经济问题交织的腐败案件，违反中央八项规定精神的问题。

6. 党的纪律主要包括哪几类？

党章规定，党的纪律主要包括政治纪律、组织纪律、廉洁纪律、群众纪律、工作纪律和生活纪律。

7. 什么是党的政治纪律？

政治纪律是各级党组织和全体党员在政治方向、政治立场、政治言论、政治行为方面必须遵守的规矩，是维护党的团结统一的根本保证。政治纪律是最重要、最根本、最关键的纪律。

8. 违反党的政治纪律的行为主要有哪些？

根据《中国共产党纪律处分条例》第六章“对违反政治纪律行为的处分”的规定，违反政治纪律的行为主要有以下具体行为：

（1）在重大原则问题上不同党中央保持一致且有实际言论、行为或者造成不良后果的行为。

（2）通过网络、广播、电视、报刊、传单、书籍等，或者利用讲座、论坛、报告会、座谈会等方式，公开发表坚持资产阶级自由化立场、反对四项基本原则，反对党的改革开放决策的文章、演说、宣言、声明等的行为。

（3）发布、播出、刊登、出版坚持资产阶级自由化立场、反对四项基本原则，反对党的改革开放决策的文章、演说、宣言、声明等或者为上述行为提供方便条件的行为。

（4）通过网络、广播、电视、报刊、传单、书籍等，或者利用讲座、论坛、报告会、座谈会等方式，公开发表违背四项基本原则，违背、歪曲党的改革开放决策，或者其他有严重政治问题的文章、演说、宣言、声明等；妄议党中央大政方针，破坏党的集中统一；丑化党和国家形象，或者诋毁、诬蔑党和国家领导人、英雄模范，或者歪曲党的历史、中华人民共和国历史、人民军队历史的行为。

（5）发布、播出、刊登、出版《中国共产党纪律处分条例》第五十一条第一款所列内容或者为上述行为提供方便条件的行为。

（6）制作、贩卖、传播《中国共产党纪律处分条例》第五十条、第五十一条所列内容之一的报刊、书籍、音像制品、电子读物，以及网络文本、图片、音频、视频资料等的行为。

（7）私自携带、寄递《中国共产党纪律处分条例》第五十条、第五十一条所列内容之一的报刊、书籍、音像制品、电子读物等入出境的行为。

（8）私自阅看、浏览、收听《中国共产党纪律处分条例》第五十条、第五十一条所列内容之一的报刊、书籍、音像制品、电子读物，以及网络文本、图片、音频、视频资料等的行为。

（9）在党内组织秘密集团或者组织其他分裂党的活动的行为。

（10）参加秘密集团或者参加其他分裂党的活动的行为。

（11）在党内搞团团伙伙、结党营私、拉帮结派、政治攀附、培植个人势力等非组织活动，或者通过搞利益交换、为自己营造声势等活动捞取政治资本的行为；导致本地区、本部门、本单位政治生态恶化的行为。

（12）搞投机钻营，结交政治骗子或者被政治骗子利用的行为。

（13）充当政治骗子的行为。

（14）党员领导干部在本人主政的地方或者分管的部门自行其是，搞山头主义，拒不执行党中央确定的大政方针，甚至背着党中央另搞一套的行为。

（15）贯彻党中央决策部署只表态不落实，或者落实党中央决策部署不坚决，打折扣、搞变通，在政治上造成不良影响或者严重后果的行为。

（16）不顾党和国家大局，搞部门或者地方保护主义的行为。

（17）党员领导干部政绩观错位，违背新发展理念、背离高质量发展要求，给党、国家和人民利益造成较大损失的行为。

（18）搞劳民伤财的“形象工程”“政绩工程”的行为。

（19）对党不忠诚不老实，表里不一，阳奉阴违，欺上瞒下，搞两面派，做两面人，在政治上造成不良影响的行为。

（20）制造、散布、传播政治谣言，破坏党的团结统一的行为。

（21）政治品行恶劣，匿名诬告，有意陷害或者制造其他谣言，造成损害或者不良影响的行为。

（22）擅自对应当由党中央决定的重大政策问题作出决定、对外发表主张的行为。

（23）不按照有关规定向组织请示、报告重大事项的行为。

（24）干扰巡视巡察工作或者不落实巡视巡察整改要求的行为。

（25）对抗组织审查，有下列行为之一的：串供或者伪造、销毁、转移、隐匿证据；阻止他人揭发检举、提供证据材料；包庇同案人员；向组织提供虚假情况，掩盖事实；其他对抗组织审查行为。

（26）组织、参加反对党的基本理论、基本路线、基本方略或者重大方针政策的集会、游行、示威等活动的，或者以组织讲座、论坛、报告会、座谈会等方式，反对党的基本理论、基本路线、基本方略或者重大方针政策，造成严重不良影响的行为。

（27）对其他参加人员或者以提供信息、资料、财物、场地等方式支持上述活动者的行为。

（28）未经组织批准参加其他集会、游行、示威等活动的行为。

（29）组织、参加旨在反对党的领导、反对社会主义制度或者敌视政府等组织的行为。

（30）组织、参加会道门或者邪教组织的行为。

（31）从事、参与挑拨破坏民族关系制造事端或者参加民族分裂活动的行为。

（32）其他违反党和国家民族政策的行为。

（33）组织、利用宗教活动反对党的理论、路线、方针、政策和决议，破坏民族团结的行为。

（34）其他违反党和国家宗教政策的行为。

（35）对信仰宗教的党员，经党组织帮助教育仍没有转变的行为；劝而不退的行为；参与利用宗教搞煽动活动的行为。

（36）组织迷信活动的行为。

（37）参加迷信活动或者个人搞迷信活动，造成不良影响的行为。

（38）组织、利用宗族势力对抗党和政府，妨碍党和国家的方针政策以及决策部署的实施，或者破坏党的基层组织建设的行为。

（39）在国（境）外、外国驻华使（领）馆申请政治避难，或者违纪后逃往国（境）外、外国驻华使（领）馆的行为。

（40）在国（境）外公开发表反对党和政府的文章、演说、宣言、声明等的行为。

（41）故意为在国（境）外、外国驻华使（领）馆申请政治避难，或者违纪后逃往国（境）外、外国驻华使（领）馆和在国（境）外公开发表反对党和政府的文章、演说、宣言、声明等行为提供方便条件的行为。

（42）在涉外活动中，其言行在政治上造成恶劣影响，损害党和国家尊严、利益的行为。

（43）不履行全面从严治党主体责任、监督责任或者履行全面从严治党主体责任、监督责任不力，给党组织造成严重损害或者严重不良影响的行为。

（44）党员领导干部对违反政治纪律和政治规矩等错误思想和行为不报告、不抵制、不斗争，放任不管，搞无原则一团和气，造成不良影响的行为。

（45）违反党的优良传统和工作惯例等党的规矩，在政治上造成不良影响或者严重后果的行为。

9. 什么是党的组织纪律？

党的组织纪律是维护党的团结统一的原则与规范，是处理党组织之间和党组织与党员之间关系的纪律。组织纪律的核心是党的民主集中制原则。

10. 违反党的组织纪律的行为主要有哪些?

根据《中国共产党纪律处分条例》第七章“对违反组织纪律行为的处分”的规定，违反组织纪律的行为主要有以下具体行为：

（1）拒不执行或者擅自改变党组织作出的重大决定；违反议事规则，个人或者少数人决定重大问题；故意规避集体决策，决定重大事项、重要干部任免、重要项目安排和大额资金使用；借集体决策名义集体违规。

（2）下级党组织拒不执行或者擅自改变上级党组织决定的行为。

（3）拒不执行党组织的分配、调动、交流等决定的行为。

（4）在特殊时期或者紧急状况下，拒不执行党组织分配、调动、交流等决定的行为。

（5）在党组织纪律审查中，依法依规负有作证义务的党员拒绝作证或者故意提供虚假情况的行为。

（6）违反个人有关事项报告规定，隐瞒不报；在组织进行谈话函询时，不如实向组织说明问题；不按要求报告或者不如实报告个人去向；不如实填报个人档案资料。

（7）在组织进行谈话函询时，不如实向组织说明问题，同时向组织提供虚假情况、掩盖事实的行为。

（8）篡改、伪造个人档案资料的行为。

（9）隐瞒入党前严重错误的行为。

（10）党员领导干部违反有关规定组织、参加自发成立的老乡会、校友会、战友会等的行为。

（11）在民主推荐、民主测评、组织考察和党内选举中搞拉票、助选等非组织活动；在法律规定的投票、选举活动中违背组织原则搞非组织活动，组织、怂恿、诱使他人投票、表决；在选举中进行其他违反党章、其他党内法规和有关章程活动。

（12）搞有组织的拉票贿选，或者用公款拉票贿选的行为。

（13）在干部选拔任用工作中，有任人唯亲、排斥异己、封官许愿、说情干预、跑官要官、突击提拔或者调整干部等违反干部选拔任用规定行为。

（14）用人失察失误造成严重后果的行为。

（15）以党纪政务等处分规避组织调整；以组织调整代替党纪政务等处分；其他避重就轻作出处理行为。

（16）在干部、职工的录用、考核、职务职级晋升、职称评聘、荣誉表彰，授予学术称号和征兵、安置退役军人等工作中，隐瞒、歪曲事实真相，或者利用职权或者职务上的影响违反有关规定为本人或者其他人谋取利益的行为。

（17）弄虚作假，骗取职务、职级、职称、待遇、资格、学历、学位、荣誉、称号或者其他利益的行为。

（18）侵犯党员的表决权、选举权和被选举权的行为。

（19）以强迫、威胁、欺骗、拉拢等手段，妨害党员自主行使表决权、选举权和被选举权的行为。

（20）对批评、检举、控告进行阻挠、压制，或者将批评、检举、控告材料私自扣压、销毁，或者故意将其泄露给他人；对党员的申辩、辩护、作证等进行压制，造成不良后果；压制党员申诉，造成不良后果，或者不按照有关规定处理党员申诉；其他侵犯党员权利行为，造成不良后果。

（21）对批评人、检举人、控告人、证人及其他人员打击报复的行为。

（22）违反党章和其他党内法规的规定，采取弄虚作假或者其他手段把不符合党员条件的人发展为党员，或者为非党员出具党员身份证明的行为。

（23）违反有关规定程序发展党员的行为。

（24）违反有关规定取得外国国籍或者获取国（境）外永久居留资格、长期居留许可的行为。

（25）违反有关规定办理因私出国（境）证件、前往港澳通行证，或者未经批准出入国（边）境的行为。

（26）虽经批准因私出国（境）但存在擅自变更路线、无正当理由超期未归等超出批准范围出国（境）行为的行为。

（27）驻外机构或者临时出国（境）团（组）中的党员擅自脱离组织，或者从事外事、机要、军事等工作的党员违反有关规定同国（境）外机构、人员联系和交往的行为。

（28）驻外机构或者临时出国（境）团（组）中的党员，脱离组织出走时间不满 6 个月又自动回归的行为；脱离组织出走时间超过 6 个月的行为。

（29）故意为他人脱离组织出走提供方便条件的行为。

11. 什么是党的廉洁纪律？

党的廉洁纪律是党组织和党员在从事公务活动或者其他与行使职权有关的活动中，应当遵守的廉洁用权的行为规则，是实现干部清正、政府清廉、政治清明的重要保障。廉洁纪律一直是党风廉政建设和反腐败工作的重点。党的廉洁纪律是党的纪律的重要内容，是党员干部秉公用权、廉洁从政的基本规范。

12. 违反党的廉洁纪律的行为主要有哪些？

根据《中国共产党纪律处分条例》第八章“对违反廉洁纪律行为的处分”的规定，违反廉洁纪律的行为主要有以下具体行为：

（1）利用职权或者职务上的影响为他人谋取利益，本人的配偶、子女及其配偶等亲属和其他特定关系人收受对方财物的行为。

（2）相互利用职权或者职务上的影响为对方及其配偶、子女及其配偶等亲属、身边工作人员和其他特定关系人谋取利益搞权权交易的行为。

（3）纵容、默许配偶、子女及其配偶等亲属、身边工作人员和其他特定关系人利用党员干部本人职权或者职务上的影响谋取私利的行为。

（4）党员干部的配偶、子女及其配偶等亲属和其他特定关系人不实际工作而获取薪酬或者虽实际工作但领取明显超出同职级标准薪酬，党员干部知情未予纠正的行为。

（5）收受可能影响公正执行公务的礼品、礼金、消费卡（券）和有价证券、股权、其他金融产品等财物的行为。

（6）收受其他明显超出正常礼尚往来的财物的行为。

（7）向从事公务的人员及其配偶、子女及其配偶等亲属和其他特定关系人赠送明显超出正常礼尚往来的礼品、礼金、消费卡（券）和有价证券、股权、其他金融产品等财物的行为。

（8）以讲课费、课题费、咨询费等名义变相送礼的行为。

（9）借用管理和服务对象的钱款、住房、车辆等，可能影响公正执行公务的行为。

（10）通过民间借贷等金融活动获取大额回报，可能影响公正执行公务的行为。

（11）利用职权或者职务上的影响操办婚丧喜庆事宜，造成不良影响的行为；借机敛财或者有其他侵犯国家、集体和人民利益行为的行为。

（12）接受、提供可能影响公正执行公务的宴请或者旅游、健身、娱乐等活动安排的行为。

（13）违反有关规定取得、持有、实际使用运动健身卡、会所和俱乐部会员卡、高尔夫球卡等各种消费卡（券），或者违反有关规定出入私人会所的行为。

（14）违反有关规定从事营利活动的行为，有下列行为之一的：经商办企业；拥有非上市公司（企业）的股份或者证券；买卖股票或者进行其他证券投资；从事有偿中介活动；在国（境）外注册公司或者投资入股；其他违反有关规定从事营利活动的行为。

（15）利用参与企业重组改制、定向增发、兼并投资、土地使用权出让等工作中掌握的信息买卖股票，利用职权或者职务上的影响通过购买信托产品、基金等方式非正常获利的行为。

（16）违反有关规定在经济组织、社会组织等单位中兼职，或者经批准兼职但获取薪酬、奖金、津贴等额外利益的行为。

（17）利用职权或者职务上的影响，为配偶、子女及其配偶等亲属和其他特定关系人在审批监管、资源开发、金融信贷、大宗采购、土地使用权出让、房地产开发、工程招投标以及公共财政收支等方面谋取利益的行为。

（18）利用职权或者职务上的影响，为配偶、子女及其配偶等亲属和其他特定关系人吸收存款、推销金融产品、经营名贵特产类特殊资源等提供帮助谋取利益的行为。

（19）离职或者退（离）休后违反有关规定接受原任职务管辖的地区和业务范围内或者与原工作业务直接相关的企业和中介机构等单位的聘用，或者个人从事与原任职务管辖业务或者与原工作业务直接相关的营利活动的行为。

（20）党员领导干部离职或者退（离）休后违反有关规定担任上市公司、基金管理公司独立董事、独立监事等职务的行为。

（21）离职或者退（离）休后利用原职权或者职务上的影响，为配偶、子女及其配偶等亲属和其他特定关系人从事经营活动谋取利益的行为。

（22）离职或者退（离）休后利用原职权或者职务上的影响为他人谋取利益，本人的配偶、子女及其配偶等亲属和其他特定关系人收受对方财物的行为。

（23）党员领导干部的配偶、子女及其配偶，违反有关规定在该党员领导干部管辖的地区和业务范围内从事可能影响其公正执行公务的经营活动，或者有其他违反经商办企业禁业规定行为的行为；拒不纠正的行为；不辞去现任职务或者不服从组织调整职务的行为。

（24）党和国家机关违反有关规定经商办企业的行为。

（25）党员领导干部违反工作、生活保障制度，在交通、医疗、警卫等方面为本人、配偶、子女及其配偶等亲属、身边工作人员和其他特定关系人谋求特殊待遇的行为。

（26）在分配、购买住房中侵犯国家、集体利益的行为。

（27）利用职权或者职务上的影响，侵占非本人经管的公私财物，或者以象征性地支付钱款等方式侵占公私财物，或者无偿、象征性地支付报酬接受服务、使用劳务的行为。

（28）利用职权或者职务上的影响，将应当由本人、配偶、子女及其配偶等亲属、身边工作人员和其他特定关系人个人支付的费用，由下属单位、其他单位或者他人支付、报销的行为。

（29）利用职权或者职务上的影响，违反有关规定占用公物归个人使用，时间超过 6 个月的行为。

（30）占用公物进行营利活动的行为。

（31）将公物借给他人进行营利活动的行为。

（32）违反有关规定组织、参加用公款支付的宴请、娱乐、健身活动，或者用公款购买赠送或者发放礼品、消费卡（券）等的行为。

（33）违反有关规定自定薪酬或者滥发津贴、补贴、奖金、福利等的行为。

（34）公款旅游或者以学习培训、考察调研、职工疗养等为名变相公款旅游；改变公务行程，借机旅游；参加所管理企业、下属单位组织的考察活动，借机旅游的行为。

（35）以考察、学习、培训、研讨、招商、参展等名义变相用公款出国（境）旅游的行为。

（36）违反接待管理规定，超标准、超范围接待或者借机大吃大喝的行为。

（37）违反有关规定配备、购买、更换、装饰、使用公务交通工具或者有其他违反公务交通工具管理规定的行为。

（38）到禁止召开会议的风景名胜区开会；决定或者批准举办各类节会、庆典活动；其他违反会议活动管理规定行为。

（39）擅自举办评比达标表彰、创建示范活动或者借评比达标表彰、创建示范活动收取费用的行为。

（40）决定或者批准兴建、装修办公楼、培训中心等楼堂馆所；超标准配备、使用办公用房；未经批准租用、借用办公用房；用公款包租、占用客房或者其他场所供个人使用；其他违反办公用房管理等规定行为。

（41）搞权色交易或者给予财物搞钱色交易的行为。

（42）有其他违反廉洁纪律规定行为的行为。

13. 什么是党的群众纪律？

党的群众纪律是指党的组织和党员在贯彻执行党的群众路线中必须遵循的行为规则，是处理党组织、党员与群众关系所必须遵循的原则和要求。

14. 违反党的群众纪律的行为主要有哪些？

《中国共产党纪律处分条例》第九章“对违反群众纪律行为的处分”列出了违反党的群众纪律的行为，主要有以下具体行为：

（1）超标准、超范围向群众筹资筹劳、摊派费用，加重群众负担；违反有关规定扣留、收缴群众款物或者处罚群众；克扣群众财物，或者违反有关规定拖欠群众钱款；在管理、服务活动中违反有关规定收取费用；在办理涉及群众事务时刁难群众、吃拿卡要；其他侵害群众利益行为。

（2）在乡村振兴领域有上述行为。

（3）干涉生产经营自主权，致使群众财产遭受较大损失的行为。

（4）在社会保障、社会救助、政策扶持、救灾救济款物分配等事项中优亲厚友、明显有失公平的行为。

（5）利用宗族或者黑恶势力等欺压群众，或者纵容涉黑涉恶活动、为黑恶势力充当“保护伞”的行为。

（6）对涉及群众生产、生活等切身利益的问题依照政策或者有关规定能解决而不及时解决，庸懒无为、效率低下，造成不良影响；对符合政策的群众诉求消极应付、推诿扯皮，损害党群、干群关系；对待群众态度恶劣、简单粗暴，造成不良影响；弄虚作假，欺上瞒下，损害群众利益；其他不作为、乱作为、慢作为、假作为等损害群众利益行为。

（7）遇到国家财产和群众生命财产受到严重威胁时，能救而不救的行为。

（8）不按照规定公开党务、政务、厂务、村（居）务等，侵犯群众知情权的行为。

（9）有其他违反群众纪律规定行为的行为。

15. 什么是党的工作纪律？

党的工作纪律是党组织和党员在党的各项具体工作中必须遵循的行为准则，是党组织和党员依规开展各项工作的重要保证。党的工作纪律包括党的宣传纪律、党的保密纪律、党的组织人事工作纪律等。

16. 违反党的工作纪律的行为主要有哪些？

《中国共产党纪律处分条例》第十章“对违反工作纪律行为的处分”列出了违反党的工作纪律的行为，主要有以下具体行为：

（1）工作中不负责任或者疏于管理，贯彻执行、检查督促落实上级决策部署不力，给党、国家和人民利益以及公共财产造成较大损失的行为。

（2）党员领导干部对于到任前已经存在且属于其职责范围内的问题，消极回避、推卸责任，造成严重损害或者严重不良影响的行为。

（3）工作中不敢斗争、不愿担当，面对重大矛盾冲突、危机困难临阵退缩，造成不良影响或者严重后果的行为。

（4）热衷于搞舆论造势、浮在表面；单纯以会议贯彻会议、以文件落实文件，在实际工作中不见诸行动；脱离实际，不作深入调查研究，搞随意决策、机械执行；违反精文减会有关规定搞文山会海；在督查检查考核等工作中搞层层加码、过度留痕，增加基层工作负担；工作中其他形式主义、官僚主义行为。

（5）在公务活动用餐、单位食堂用餐管理工作中不履行或者不正确履行宣传教育、监督管理职责，导致餐饮浪费，造成严重不良影响的行为。

（6）在机构编制工作中，有下列行为之一，造成不良影响或者严重后果的：擅自超出“三定”规定范围调整职责、设置机构、核定领导职数和配备人员；违规干预地方机构设置；其他违反机构编制管理规定行为。

（7）不按照规定受理、办理信访事项；对规模性集体访等处置不力，导致事态扩大；对党委和政府信访部门提出的改进工作、完善政策等建议重视不够、落实不力，导致问题长期得不到解决；其他不履行或者不正确履行信访工作职责行为。

（8）不履行或者不正确履行职责，导致信访事项发生，造成不良影响或者严重后果的行为。

（9）党员被立案审查期间，擅自批准其出差、出国（境）、辞职，或者对其交流、提拔职务、晋升职级、进一步使用、奖励，或者办理退休手续；党员被依法追究刑事责任后，不按照规定给予党纪处分，或者对党员违反国家法律法规的行为，应当给予党纪处分而不处分；党纪处分决定或者申诉复查决定作出后，不按照规定落实决定中关于被处分人党籍、职务、职级、待遇等事项；党员受到党纪处分后，不按照干部管理权限和组织关系对受处分党员开展日常教育、管理和监督工作。

（10）滥用问责，或者在问责工作中严重不负责任，造成不良影响的行为。

（11）因工作不负责任致使所管理的人员叛逃的行为。

（12）因工作不负责任致使所管理的人员出逃、出走的行为。

（13）进行统计造假的行为。

（14）对统计造假失察，造成严重后果的行为。

（15）在上级检查、视察工作或者向上级汇报、报告工作时对应当报告的事项不报告或者不如实报告，造成严重损害或者严重不良影响的行为。

（16）在上级检查、视察工作或者向上级汇报、报告工作时纵容、唆使、暗示、强迫下级说假话、报假情的行为。

（17）干预和插手建设工程项目承发包、土地使用权出让、政府采购、房地产开发与经营、矿产资源开发利用、中介机构服务等活动；干预和插手国有企业重组改制、兼并、破产、产权交易、清产核资、资产评估、资产转让、重大项目投资以及其他重大经营活动等事项；干预和插手批办各类行政许可和资金借贷等事项；干预和插手经济纠纷；干预和插手集体资金、资产和资源的使用、分配、承包、租赁等事项。

（18）违反有关规定干预和插手司法活动、执纪执法活动，向有关地方或者部门打听案情、打招呼、说情，或者以其他方式对司法活动、执纪执法活动施加影响的行为。

（19）违反有关规定干预和插手公共财政资金分配、项目立项评审、功勋荣誉表彰奖励等活动，造成重大损失或者不良影响的行为。

（20）按照有关规定对干预和插手行为负有报告和登记义务的受请托人，不按照规定报告或者登记的行为。

（21）泄露、扩散或者打探、窃取党组织关于干部选拔任用、纪律审查、巡视巡察等尚未公开事项或者其他应当保密的内容的行为。

（22）私自留存涉及党组织关于干部选拔任用、纪律审查、巡视巡察等方面资料的行为。

（23）在考试、录取工作中，有泄露试题、考场舞弊、涂改考卷、违规录取等违反有关规定的行为。

（24）以不正当方式谋求本人或者其他人用公款出国（境）的行为。

（25）临时出国（境）团（组）或者人员中的党员，擅自延长在国（境）外期限，或者擅自变更路线的行为。

（26）驻外机构或者临时出国（境）团（组）中的党员，触犯驻在国家、地区的法律、法令或者不尊重驻在国家、地区的宗教习俗的行为。

（27）在党的纪律检查、组织、宣传、统一战线工作以及机关工作等其他工作中，不履行或者不正确履行职责，造成损失或者不良影响的行为。

17. 什么是党的生活纪律？

党的生活纪律是党员在日常生活和社会交往中必须遵守的行为准则，是除工作以外各个方面都必须遵守的行为规范和规则，涉及个人品德、传统美德、社会公德、家庭美德等。

党员不仅应在生产、工作和学习上发挥模范带头作用，在社会生活和家庭婚姻方面也应当起模范带头作用。

18. 违反党的生活纪律的行为主要有哪些？

《中国共产党纪律处分条例》第十一章“对违反生活纪律行为的处分”列出了违反党的生活纪律的行为，主要有以下具体行为：

（1）生活奢靡、铺张浪费、贪图享乐、追求低级趣味，造成不良影响的行为。

（2）与他人发生不正当性关系，造成不良影响的行为。

（3）利用职权、教养关系、从属关系或者其他相类似关系与他人发生性关系的行为。

（4）党员领导干部不重视家风建设，对配偶、子女及其配偶失管失教，造成不良影响或者严重后果的行为。

（5）违背社会公序良俗，在公共场所、网络空间有不当言行，造成不良影响的行为。

（6）有其他严重违反社会公德、家庭美德行为的行为。

19. 对党员的纪律处分有几种？

对党员的纪律处分种类：

（1）警告。

（2）严重警告。

（3）撤销党内职务。

（4）留党察看。

（5）开除党籍。

20. 对党组织的纪律处分有几种？

对于违犯党纪的党组织，上级党组织应当责令其作出书面检查或者给予通报批评。对于严重违犯党纪、本身又不能纠正的党组织，上一级党的委员会在查明核实后，根据情节严重的程度，可以予以：

（1）改组。

（2）解散。

对于受到改组处理的党组织领导机构成员，除应当受到撤销党内职务以上处分的外，均自然免职。

对于受到解散处理的党组织中的党员，应当逐个审查。其中，符合党员条件的，应当重新登记，并参加新的组织过党的生活；不符合党员条件的，应当对其进行教育、限期改正，经教育仍无转变的，予以劝退或者除名；有违纪行为的，依照规定予以追究。

21. 哪些情形可以从轻或者减轻处分？

（1）主动交代本人应当受到党纪处分的问题。

（2）在组织谈话函询、初步核实、立案审查过程中，能够配合核实审查工作，如实说明本人违纪违法事实。

（3）检举同案人或者其他人应当受到党纪处分或者法律追究的问题，经查证属实，或者有其他立功表现。

（4）主动挽回损失、消除不良影响或者有效阻止危害结果发生。

（5）主动上交或者退赔违纪所得。

（6）党内法规规定的其他从轻或者减轻处分情形。

22. 哪些情形应当从重或者加重处分？

（1）强迫、唆使他人违纪。

（2）拒不上交或者退赔违纪所得。

（3）违纪受处分后又因故意违纪应当受到党纪处分。

（4）违纪受处分后，又被发现其受处分前没有交代的其他应当受到党纪处分的问题。

（5）党内法规规定的其他从重或者加重处分情形。

23. 哪些情形可以免予党纪处分？

对于党员违犯党纪应当给予警告或者严重警告处分，但是具有《中国共产党纪律处分条例》第十七条规定的情形之一或者本条例分则中另有规定的，可以给予批评教育、责令检查、诫勉或者组织处理，免予党纪处分。对违纪党员免予处分，应当作出书面结论。

24. 对党员的纪律处分的程序是什么？

实施党纪处分是一件十分严肃的事情，因为关系着一个人的政治生命。

党章第四十二条规定："对党员的纪律处分，必须经过支部大会讨论决定，报党的基层委员会批准；如果涉及的问题比较重要或复杂，或给党员以开除党籍的处分，应分别不同情况，报县级或县级以上党的纪律检查委员会审查批准。在特殊情况下，县级和县级以上各级党的委员会和纪律检查委员会有权直接决定给党员以纪律处分。"

对党员进行纪律处分的工作程序是：

（1）对党员所犯错误作认真深入的调查，形成情况调查报告。

（2）与违纪党员谈话，进行帮助和教育，听取他们对错误事实的说明和申辩。

（3）召开党支部委员会会议，根据落实的违纪事实，依据党纪规定，在案件纪律检查机关处分建议基础上，讨论对犯错误党员的处分意见，并草拟好处分决定。

（4）召开党支部党员大会，在充分讨论的基础上作出处分决定。召开处分党员的党支部党员大会，应当通知包括犯错误党员在内的全体党员参加。违反纪律的党员应当在党支部党员大会上就自己所犯的错误作出检查，同时也有权利对所犯错误作出说明和申辩。参加党支部党员大会的其他党员应当对违反纪律的党员进行批评教育，对党支部委员会会议提出的处理意见表明自己的态度和看法，同时也可以为违反纪律的党员进行辩护。处分决定必须由应到会有表决权的党员半数以上同意方可通过。犯错误的党员亦有权参与表决。

（5）党支部委员会将党支部党员大会讨论通过的处分决定给受处分的党员签署意见，然后按审批权限逐级上报。上报审批所附的材料应当有：错误事实的调查报告、证明材料、本人检讨材料、党支部党员大会通过的处分决定、本人对处分的意见以及其他有关材料。执行党纪处分决定的机关或者受处分党员所在单位，应当在 6 个月内将处分决定的执行情况向作出或者批准处分决定的机关报告。不按照规定落实党纪处分决定和其他相关处理手续的，应当追究主要责任者和其他直接责任人员的责任。其中情节较重应当给予党纪处分的，依照《中国共产党纪律处分条例》的规定处理。

25. 党内监督的任务是什么？

党内监督的任务是确保党章党规党纪在全党有效执行，维护党的团结统一，重点解决党的领导弱化、党的建设缺失、全面从严治党不力，党的观念淡漠、组织涣散、纪律松弛，管党治党宽松软问题，保证党的组织充分履行职能、发挥核心作用，保证全体党员发挥先锋模范作用，保证党的领导干部忠诚干净担当。

26. 党内监督的主要内容是什么？

党内监督的主要内容是：

（1）遵守党章党规，坚定理想信念，践行党的宗旨，模范遵守宪法法律情况。

（2）维护党中央集中统一领导，牢固树立政治意识、大局意识、核心意识、看齐意识，贯彻落实党的理论和路线方针政策，确保全党令行禁止情况。

（3）坚持民主集中制，严肃党内政治生活，贯彻党员个人服从党的组织，少数服从多数，下级组织服从上级组织，全党各个组织和全体党员服从党的全国代表大会和中央委员会原则情况。

（4）落实全面从严治党责任，严明党的纪律特别是政治纪律和政治规矩，推进党风廉政建设和反腐败工作情况。

（5）落实中央八项规定精神，加强作风建设，密切联系群众，巩固党的执政基础情况。

（6）坚持党的干部标准，树立正确选人用人导向，执行干部选拔任用工作规定情况。

（7）廉洁自律、秉公用权情况。

（8）完成党中央和上级党组织部署的任务情况。

27. 党内监督的重点对象有哪些？

《中国共产党党内监督条例》明确规定，党内监督没有禁区、没有例外。党内监督的重点对象是党的领导机关和领导干部特别是主要领导干部。

28. 党内监督体系由哪些主要环节构成？

党内监督体系是由党中央统一领导，党委（党组）全面监督，纪律检查机关专责监督，党的工作部门职能监督，党的基层组织日常监督，党员民主监督共同构成的监督体系。

29. 党的各级纪律检查委员会的监督方式有哪些？

（1）纪委派驻纪检组监督。纪委派驻纪检组对派出机关负责，加强对被监督单位领导班子及其成员、其他领导干部的监督，发现问题应当及时向派出机关和被监督单位党组织报告，认真负责调查处置，对需要问责的提出建议。

（2）信访举报监督。认真处理信访举报，做好问题线索分类处置，早发现早报告，对社会反映突出、群众评价较差的领导干部情况及时报告，对重要检举事项应当进行集体研究。定期分析研判信访举报情况，对信访反映的典型性、普遍性问题提出有针对性的处置意见，督促信访举报比较集中的地方和部门查找分析原因并认真整改。

（3）干部选拔任用监督。严把干部选拔任用“党风廉洁意见回复”关，综合日常工作中掌握的情况，加强分析研判，实事求是评价干部廉洁情况，防止“带病提拔”“带病上岗”。

（4）谈话提醒、约谈函询。接到对干部一般性违纪问题的反映，应当及时找本人核实，谈话提醒、约谈函询，让干部把问题讲清楚。约谈被反映人，可以与其所在党组织主要负责人一同进行；被反映人对函询问题的说明，应当由其所在党组织主要负责人签字后报上级纪委。谈话记录和函询回复应当认真核实，存档备查。没有发现问题的应当了结澄清，对不如实说明情况的给予严肃处理。

（5）执纪审查。依规依纪进行执纪审查，重点审查不收敛不收手，问题线索反映集中、群众反映强烈，现在重要岗位且可能还要提拔使用的领导干部，3 类情况同时具备的是重中之重。

（6）加强对纪律检查机关的监督。发现纪律检查机关及其工作人员有违反纪律问题的，必须严肃处理。

30. 党的各级纪律检查委员会党内监督的任务是什么？

党的各级纪律检查委员会是党内监督的专责机关，履行监督执纪问责职责，加强对所辖范围内党组织和领导干部遵守党章党规党纪、贯彻执行党的路线方针政策情况的监督检查，承担下列具体任务：

（1）加强对同级党委特别是常委会委员、党的工作部门和直接领导的党组织、党的领导干部履行职责、行使权力情况的监督。

（2）落实纪律检查工作双重领导体制，执纪审查工作以上级纪委领导为主，线索处置和执纪审查情况在向同级党委报告的同时向上级纪委报告，各级纪委书记、副书记的提名和考察以上级纪委会同组织部门为主。

（3）强化上级纪委对下级纪委的领导，纪委发现同级党委主要领导干部的问题，可以直接向上级纪委报告；下级纪委至少每半年向上级纪委报告 1 次工作，每年向上级纪委进行述职。

31. 党的各级纪律检查委员会应如何运用监督执纪“四种形态”？

（1）党员干部有作风纪律方面的苗头性、倾向性问题或者轻微违纪问题，或者有一般违纪问题但具备免予处分情形的，运用监督执纪第一种形态，按照规定进行谈话提醒、批评教育、责令检查等，或者予以诫勉。

（2）党员干部有一般违纪问题，或者违纪问题严重但具有主动交代等从轻减轻处分情形的，运用监督执纪第二种形态，按照规定给予警告、严重警告处分，或者建议单处、并处停职检查、调整职务、责令辞职、免职等处理。

（3）党员干部有严重违纪问题，或者严重违纪并构成严重职务违法的，运用监督执纪第三种形态，按照规定给予撤销党内职务、留党察看、开除党籍处分，同时建议给予降职或者依法给予撤职、开除公职、调整其享受的待遇等处理。

（4）党员干部严重违纪、涉嫌犯罪的，运用监督执纪第四种形态，按照规定给予开除党籍处分，同时依法给予开除公职、调整或者取消其享受的待遇等处理，再移送司法机关依法追究刑事责任。

32. 党的基层组织应履行哪些监督职责？

党的基层组织应当发挥战斗堡垒作用，履行下列监督职责：

（1）严格党的组织生活，开展批评和自我批评，监督党员切实履行义务，保障党员权利不受侵犯。

（2）了解党员、群众对党的工作和党的领导干部的批评和意见，定期向上级党组织反映情况，提出意见和建议。

（3）维护和执行党的纪律，发现党员、干部违反纪律问题及时教育或者处理，问题严重的应当向上级党组织报告。

33. 党员要履行哪些监督义务？

党员应当本着对党和人民事业高度负责的态度，积极行使党员权利，履行下列监督义务：

（1）加强对党的领导干部的民主监督，及时向党组织反映群众意见和诉求。

（2）在党的会议上有根据地批评党的任何组织和任何党员，揭露和纠正工作中存在的缺点和问题。

（3）参加党组织开展的评议领导干部活动，勇于触及矛盾问题、指出缺点错误，对错误言行敢于较真、敢于斗争。

（4）向党负责地揭发、检举党的任何组织和任何党员违纪违法的事实，坚决反对一切派别活动和小集团活动，同腐败现象作坚决斗争。

34. 党的问责工作应当坚持的原则是什么？

党的问责工作应当坚持以下原则：

（1）依规依纪、实事求是。

（2）失责必问、问责必严。

（3）权责一致、错责相当。

（4）严管和厚爱结合、激励和约束并重。

（5）惩前毖后、治病救人。

（6）集体决定、分清责任。

35. 党内问责主体的主要职责是什么？

党委（党组）应当履行全面从严治党主体责任，加强对本地区本部门本单位问责工作的领导，追究在党的建设、党的事业中失职失责党组织和党的领导干部的主体责任、监督责任、领导责任。

纪委应当履行监督专责，协助同级党委开展问责工作。纪委派驻（派出）机构按照职责权限开展问责工作。

党的工作机关应当依据职能履行监督职责，实施本机关本系统本领域的问责工作。

36. 党内问责的对象是谁？

问责对象是党组织、党的领导干部，重点是党委（党组）、党的工作机关及其领导成员，纪委、纪委派驻（派出）机构及其领导成员。

37. 党内问责的流程是什么？

（1）启动问责调查程序。发现有《中国共产党问责条例》第七条所列问责情形，需要进行问责调查的，有管理权限的党委（党组）、纪委、党的工作机关应当经主要负责人审批，及时启动问责调查程序。其中，纪委、党的工作机关对同级党委直接领导的党组织及其主要负责人启动问责调查，应当报同级党委主要负责人批准。

应当启动问责调查未及时启动的，上级党组织应当责令有管理权限的党组织启动。根据问题性质或者工作需要，上级党组织可以直接启动问责调查，也可以指定其他党组织启动。

对被立案审查的党组织、党的领导干部问责的，不再另行启动问责调查程序。

（2）成立调查组开展调查。启动问责调查后，应当组成调查组，依规依纪依法开展调查，查明党组织、党的领导干部失职失责问题，综合考虑主客观因素，正确区分贯彻执行党中央或者上级决策部署过程中出现的执行不当、执行不力、不执行等不同情况，精准提出处理意见，做到事实清楚、证据确凿、依据充分、责任分明、程序合规、处理恰当，防止问责不力或者问责泛化、简单化。

（3）形成调查报告。查明调查对象失职失责问题后，调查组应当撰写事实材料，与调查对象见面，听取其陈述和申辩，并记录在案；对合理意见，应当予以采纳。调查对象应当在事实材料上签署意见，对签署不同意见或者拒不签署意见的，调查组应当作出说明或者注明情况。

调查工作结束后，调查组应当集体讨论，形成调查报告，列明调查对象基本情况、调查依据、调查过程，问责事实，调查对象的态度、认识及其申辩，处理意见以及依据，由调查组组长以及有关人员签名后，履行审批手续。

（4）作出问责决定。问责决定应当由有管理权限的党组织作出。

对同级党委直接领导的党组织，纪委和党的工作机关报经同级党委或者其主要负责人批准，可以采取检查、通报方式进行问责。采取改组方式问责的，按照党章和有关党内法规规定的权限、程序执行。

对同级党委管理的领导干部，纪委和党的工作机关报经同级党委或者其主要负责人批准，可以采取通报、诫勉方式进行问责；提出组织调整或者组织处理的建议。采取纪律处分方式问责的，按照党章和有关党内法规规定的权限、程序执行。

（5）执行问责。问责决定作出后，应当及时向被问责党组织、被问责领导干部及其所在党组织宣布并督促执行。有关问责情况应当向纪委和组织部门通报，纪委应当将问责决定材料归入被问责领导干部廉政档案，组织部门应当将问责决定材料归入被问责领导干部的人事档案，并报上一级组织部门备案；涉及组织调整或者组织处理的，相应手续应当在 1 个月内办理完毕。

被问责领导干部应当向作出问责决定的党组织写出书面检讨，并在民主生活会、组织生活会或者党的其他会议上作出深刻检查。建立健全问责典型问题通报曝光制度，采取组织调整或者组织处理、纪律处分方式问责的，应当以适当方式公开。

第九章

党的宣传、思想政治、政法、群众、统战工作

1. 宣传工作的定位作用是什么？

宣传工作是党的一项极端重要的工作，是坚持党的政治路线、加强党的政治建设、加强党的思想政治领导、巩固党的群众基础和执政基础的重要方式，是为实现党的主张和奋斗目标动员组织党员、干部和群众所进行的理论武装、舆论引导、思想教育、文化建设、文明培育等工作和活动。宣传工作是党领导人民不断夺取革命、建设、改革胜利的优良传统和政治优势。

2. 宣传工作的指导思想是什么？

宣传工作坚持以马克思列宁主义、毛泽东思想、邓小平理论、“三个代表”重要思想、科学发展观、习近平新时代中国特色社会主义思想为指导，牢固树立政治意识、大局意识、核心意识、看齐意识，坚定中国特色社会主义道路自信、理论自信、制度自信、文化自信，坚决维护习近平总书记党中央的核心、全党的核心地位，坚决维护党中央权威和集中统一领导，担当举旗帜、聚民心、育新人、兴文化、展形象的使命任务，促进全体人民在理想信念、价值理念、道德观念上紧紧团结在一起，为夺取新时代中国特色社会主义伟大胜利、实现中华民族伟大复兴的中国梦提供思想保证、舆论支持、精神动力和文化条件。

3. 党的宣传工作的根本任务是什么？

党的宣传工作的根本任务是高举中国特色社会主义伟大旗帜，巩固马克思主义在意识形态领域的指导地位，巩固全党全国人民团结奋斗的共同思想基础，建设具有强大凝聚力和引领力的社会主义意识形态，建设具有强大生命力和创造力的社会主义精神文明，建设具有强大感召力和影响力的中华文化软实力。

4. 各级党委宣传工作的职责是什么？

各级党委对宣传工作负主体责任，应当把学习宣传贯彻习近平新时代中国特色社会主义思想作为首要政治任务，加强对宣传领域重大战略性任务的统筹指导和重大问题的分析研判。各级党委宣传工作的主要职责是：

（1）贯彻落实党中央和上级党委关于宣传工作的决策部署以及指示精神，指导和督促检查下级党组织做好宣传工作。

（2）定期研究部署宣传工作重要工作和重大事项，每年向党中央或者上一级党委报告宣传工作情况。

（3）研究制定宣传工作的重要政策，按照权限制定宣传工作相关党内法规和规范性文件，推动制定宣传工作相关法律法规，并组织实施。

（4）牢牢掌握意识形态工作领导权，落实意识形态工作责任制。

（5）统筹社会主义精神文明建设和文化建设。

（6）领导宣传部门做好宣传工作，选优配强宣传系统领导班子和主要负责人，加强宣传干部、人才队伍建设。

（7）领导同级人大、政府、政协、法院、检察院、人民团体、企事业单位等做好本部门本单位本领域宣传工作。

5. 各级党委宣传部的工作职责是什么？

党委宣传部是党中央和地方各级党委主管意识形态方面工作的职能部门，是社会主义精神文明建设的牵头协调部门。

（1）贯彻落实党对宣传工作的方针政策和决策部署，拟订宣传工作重要政策和事业发展规划。

（2）统筹协调意识形态工作，组织协调意识形态工作责任制落实情况日常监督检查，结合巡视巡察工作开展专项检查。

（3）指导协调理论研究、学习、宣传工作。

（4）统筹分析研判和引导社会舆论，指导协调新闻单位工作，协调开展新闻发布工作。

（5）管理新闻出版和电影工作，统筹指导广播电视工作，组织指导“扫黄打非”工作。

（6）统筹指导社会主义核心价值观建设，组织指导思想道德建设和思想政治工作，推进群众性精神文明创建。

（7）统筹协调精神文化产品创作和生产，协调组织中华优秀传统文化传承发展的有关工作，指导协调推动群众文化建设。

（8）指导协调文化体制改革和文化事业、文化产业以及旅游业发展，指导协调国有文化资产监管工作。

（9）宏观指导互联网宣传和信息内容建设管理工作，统筹协调新媒体建设与管理。

（10）统筹开展对外宣传工作，指导对外文化交流合作工作，协调推动中华文化“走出去”工作，协调人权宣传工作。

（11）协调推进宣传领域法治建设。

（12）统筹指导舆情信息工作。

（13）负责宣传工作的内容建设和口径管理。

（14）按照干部管理权限负责宣传系统领导班子和干部、人才队伍建设管理。

（15）指导下级党委宣传工作。

（16）完成同级党委和上级党委宣传部交办的其他任务。

6. 基层党组织如何做好宣传工作？

（1）机构设置和工作力量。乡镇（街道）党组织明确1名党委（党工委）委员负责宣传工作，村（社区）党组织配备宣传员；国有以及国有控股企业党组织设置宣传工作机构；高校党委设立宣传部；国有参股企业、非公有制经济组织和社会组织中的党组织应当根据实际情况配备宣传员；各级党和国家机关中党的基层组织应当根据实际情况设置宣传工作机构，或者配备从事宣传工作的人员。

（2）阵地建设。各级党委和政府应当加强新时代文明实践中心、县级融媒体中心建设，加强基层公共图书馆、文化馆、博物馆、广播电视机构、乡镇（街道）综合文化站、村（社区）综合文化中心、文体广场等文化设施的建设、管理和使用。

（3）经费保障。各级党委和政府应当加大经费投入，建立健全农村文化建设经费保障机制，支持基层文化设施建设和群众性文化活动开展，购买公共文化服务，加大优质文化产品和服务供给。

7. 党的思想路线是什么？

党的思想路线是：一切从实际出发，理论联系实际，实事求是，在实践中检验真理和发展真理。全党必须坚持这条思想路线，积极探索，大胆试验，开拓创新，创造性地开展工作，不断研究新情况，总结新经验，解决新问题，在实践中丰富和发展马克思主义，推进马克思主义中国化时代化。

8. 新时代加强和改进党的思想政治工作的指导思想是什么？

以习近平新时代中国特色社会主义思想为指导，全面贯彻党的二十大精神，增强“四个意识”、坚定“四个自信”、做到“两个维护”，紧紧围绕统筹推进“五位一体”总体布局和协调推进“四个全面”战略布局，坚持稳中求进工作总基调，围绕巩固马克思主义在意识形态领域的指导地位、巩固全党全国人民团结奋斗的共同思想基础这一根本任务，自觉承担起举旗帜、聚民心、育新人、兴文化、展形象的职责使命，把思想政治工作作为治党治国的重要方式，着力固根基、扬优势、补短板、强弱项，提高科学化规范化制度化水平，充分调动一切积极因素，广泛团结一切可以团结的力量，为人民服务，为中国共产党治国理政服务，为巩固和发展中国特色社会主义制度服务，为改革开放和社会主义现代化建设服务。

9. 党的思想政治工作的主要内容是什么？

新时代党的思想政治工作的主要内容是：

（1）理论学习是思想政治工作的先导。用科学的理论武装教育人，是党的思想政治工作的根本任务。基层党组织应该通过思想政治工作，引领党员群众不断强化中国特色社会主义理论体系的学习，用习近平新时代中国特色社会主义思想武装头脑，坚定社会主义的理想信念，坚定永远跟党走的信心。

（2）基层思想政治工作要把社会主义核心价值观教育融汇进去。推进社会主义核心价值观教育，是基层党组织做好思想政治工作的重要课题。基层党组织可以通过理论阐释、宣传教育、经验交流等形式，使社会主义核心价值观深入人心，并成为党员群众共同的理想信念、价值追求和行为规范。

（3）基层思想政治工作必须联系基层实际，联系党员群众的思想动态，“解扣子，指路子”，有的放矢地开展工作。思想政治工作，说到底就是针对人们思想中的种种疑虑、矛盾，通过适当的方式，宣传科学、正确的道理，帮助人们解开思想上的疙瘩，树立正确的世界观、人生观和价值观，以更积极的姿态投入生活、投入工作。

10. 党的思想政治工作的基本原则是什么？

党的思想政治工作的原则是根据思想政治工作的客观规律和人们的主观意图制定的，中国共产党在长期的思想政治工作实践中总结和概括出一系列基本原则，主要有：

（1）理论联系实际的原则，即把学习和宣传先进理论同解决革命、建设、改革的实际问题相结合，用马克思主义的立场、观点和方法指导自己的实践活动，解决实际问题。

（2）思想政治工作与业务工作相结合的原则，即要使思想政治工作落到实处，为各项业务工作指明正确的政治方向，使各项业务活动执行和体现党的路线、方针和政策。

（3）表扬与批评相结合、以表扬为主的原则，即善于发现工作对象的优点和长处，通过表扬树立先进榜样，带动后进；结合必要的批评，抑制消极因素。还要善于从消极因素中发现积极因素，促进其向好的方面转化。

（4）思想政治工作与物质利益相结合的原则，即坚持唯物主义关于物质与精神辩证关系的原理，在提高群众思想认识的同时，要切实帮助群众解决一些有可能解决的切身利益问题。

（5）耐心说服教育与严格的组织纪律相结合的原则，即立足于说服教育，循循善诱，耐心等待其觉悟，同时对不服教诲、坚持错误的辅以严格的组织纪律处分。

（6）身教同言教相结合、身教重于言教的原则，即领导干部和思想政治工作者在对群众进行言教的同时，必须严于律己，身体力行，言行一致，为人师表。

上述 6 条基本原则，在党组织的各个层级中都适用。

11. 新时代思想政治教育有哪些基本内容？

做好思想政治工作，必须抓好思想政治教育。新时代思想政治教育主要有以下 6 个方面的任务：

（1）坚持用习近平新时代中国特色社会主义思想武装全党、教育人民。健全用党的创新理论武装全党、教育人民工作体系，完善党委（党组）理论学习中心组等各层级学习制度，深入实施马克思主义理论研究和建设工程，适应不同群体和受众特点加强理论宣传普及，落实意识形态工作责任制。

（2）推动理想信念教育常态化制度化。广泛开展中国特色社会主义和中国梦宣传教育，加强爱国主义、集体主义、社会主义教育，弘扬党和人民在各个历史时期奋斗中形成的伟大精神，开展以劳动创造幸福为主题的宣传教育，加强马克思主义唯物论和无神论教育。

（3）培育和践行社会主义核心价值观。坚持贯穿结合融入、落细落小落实，聚焦聚力培养担当民族复兴大任的时代新人，加强教育引导、实践养成、制度保障，推动社会主义核心价值观融入社会发展和百姓生活。

（4）加强党史、新中国史、改革开放史、社会主义发展史、中华民族发展史和形势政策教育。以党史为重点系统学习“五史”，深入实施红色基因传承工程，旗帜鲜明反对历史虚无主义，继往开来走好新时代长征路。

（5）加强社会主义法治教育。深入学习宣传习近平法治思想，开展宪法宣传教育，完善国家工作人员学法用法制度，增强全民法治观念，加大党章党规党纪宣传力度，夯实依法治国群众基础。

（6）增强忧患意识、发扬斗争精神。坚持底线思维，广泛开展防范化解重大风险宣传教育，深入学习宣传总体国家安全观，加强全民国防教育。

12. 为什么说基层党组织的思想政治工作至关重要？

思想政治工作在我们党的各项工作中占有极其重要的地位。长期革命、建设和改革实践经验告诉我们，要抓好思想政治工作，最重要的一条就是保证党对思想政治工作的领导。“千条江河归大海，件件工作在基层。”基层的思想政治工作是整个思想政治工作的基础和重点，做好基层党组织思想政治工作至关重要。

在基层，思想政治工作是陶冶基层党员群众思想情操的有力手段。及时把中央精神、上级指示等潜移默化地传输给广大党员群众，有利于引导基层党员群众树立正确的世界观、人生观和价值观，进一步提高和改善党员群众的自身修养和综合素质，陶冶其思想情操。特别重要的是，基层思想政治工作，有利于把全体党员群众的思想引导到与党的路线、方针、政策保持一致的方面。

13. 新时代如何加强企业思想政治工作？

把思想政治工作同生产经营管理、人力资源开发、企业精神培育、企业文化建设等工作结合起来，在思想上解惑、精神上解忧、文化上解渴、心理上解压。

企业要把思想政治工作作为经常性、基础性工作，把解决思想问题同解决实际问题结合起来，多做得人心、暖人心、稳人心的工作，积极构建和谐劳动关系，努力将矛盾化解在基层。

健全落实企业领导人员基层联系点、党员与职工结对帮带等制度，定期开展职工思想动态分析，有针对性地做好人文关怀和心理疏导。注意在企业改革重组、化解过剩产能、处置“僵尸企业”和企业破产等过程中，深入细致做好思想工作，解决职工群众困难，引导职工群众拥护支持改革，积极参与改革。

14. 新时代如何加强农村思想政治工作？

加强农村精神文明和思想道德建设，开展弘扬时代新风和移风易俗行动，抵制腐朽落后文化侵蚀，培养有理想、有道德、有文化、有纪律的新时代农民。

农村基层党组织要宣传党组织和党员先进事迹，宣传好人好事，弘扬真善美，传播正能量。了解群众思想状况，帮助解决实际困难，引导群众自觉听党话、感党恩、跟党走。

15. 新时代如何加强机关思想政治工作?

坚持把带头做到“两个维护”作为机关思想政治工作的首要任务，深化政治机关意识教育，开展模范机关创建活动，开展对党忠诚教育，开展作风建设专项整治行动，努力建设讲政治、守纪律、负责任、有效率的模范机关。

机关基层党组织要围绕党和国家重要工作部署以及本单位业务工作，针对机关工作人员的思想情况，做好其思想政治工作。对机关工作人员进行政治理论教育，爱国主义、集体主义、社会主义教育，形势政策教育，纪律和廉政教育，政治品德、职业道德、社会公德、家庭美德教育，引导机关工作人员弘扬党的优良传统和作风，保持为民务实清廉的政治本色。将解决思想问题与解决实际问题相结合，增强思想政治工作的实效。定期向党的机关工作委员会和本单位党组（党委）汇报机关思想政治工作情况，并提出改进工作的意见和建议。

16. 新时代如何加强学校思想政治工作?

加强学校思想政治工作，加快构建学校思想政治工作体系，实施时代新人培育工程，完善青少年理想信念教育齐抓共管机制，培养德智体美劳全面发展的社会主义建设者和接班人。

高校党组织应当把理想信念教育放在首位，对师生员工进行马克思列宁主义、毛泽东思想、邓小平理论、“三个代表”重要思想、科学发展观、习近平新时代中国特色社会主义思想的教育，推动习近平新时代中国特色社会主义思想进教材、进课堂、进头脑，做好党的基本理论、基本路线、基本方略教育，爱国主义、集体主义和社会主义思想教育，党史、新中国史、改革开放史、社会主义发展史、中华民族发展史教育，中华优秀传统文化、革命文化、社会主义先进文化教育，国情教育、形势政策教育、社会主义民主法治教育、国家安全教育和民族团结进步教育。把培育和践行社会主义核心价值观融入大学生思想政治教育工作和师德师风建设的全过程，帮助广大师生员工树立正确的世界观、人生观和价值观，坚定“四个自信”。

高校党组织应当把立德树人作为根本任务，构建思想政治工作体系，加强意识形态阵地管理。

思想政治工作应当坚持理论联系实际，定期分析师生员工的思想动态，坚持解决思想问题与解决实际问题相结合，注重人文关怀和心理疏导，区别不同层次，采取多种方式，增强思想政治工作的针对性、实效性。

中小学校党组织要把抓好德育和思想政治工作作为重

要任务，抓好学生德育工作，建立党组织主导、校长负责、群团组织参与、家庭社会联动的德育工作机制。做好教职工思想政治工作，深入开展习近平新时代中国特色社会主义思想和中国梦宣传教育，加强党史国史和形势政策教育，引导教职工增强政治认同和教书育人责任感。推进师德师风建设，强化社会公德、职业道德、家庭美德、个人品德教育，注重培育宣传师德标兵、教学骨干和优秀班主任、德育工作者等先进典型，引导教师争做有理想信念、有道德情操、有扎实学识、有仁爱之心的好老师。

17. 新时代如何做好青少年思想政治工作？

青年兴则国家兴，青年强则国家强。要聚焦培养什么样的人、如何培养人以及为谁培养人这个根本问题，全面贯彻党的教育方针，坚持社会主义办学方向，以立德树人为根本，坚持全员、全程、全方位育人，加快构建学校思想政治工作体系，统筹办学治校、教育教学、人才培养等育人资源和力量，培养德智体美劳全面发展的社会主义建设者和接班人。实施时代新人培育工程，发挥课堂教学主渠道作用，推动思想政治理论课改革创新，深入挖掘各学科专业课程的育人功能，加强对课堂教学和各类思想阵地的管理，推动党的创新理论和革命传统进教材进课堂进头脑。完善青少年理想信念教育齐抓共管机制。构建日常教育体系，发挥科研、管理、服务和社会实践的协同育人效应，引导青少年扣好人生第一粒扣子。

18. 新时代如何加强社区思想政治工作？

健全社区党组织领导基层群众性自治组织开展思想政治工作的相关制度，加强社区思想政治工作网格化建设，统筹发挥社会力量协同作用，使思想政治工作真正深入到群众生产和生活中去。

19. 新时代如何加强科研院所思想政治工作？

科研院所党组织要紧密结合本单位的实际，与院（所）长密切配合，切实加强思想政治工作，充分发挥广大科技人员的积极性、主动性和创造性，努力建设有理想、有道德、有文化、有纪律的职工队伍。

20. 新时代如何加强网络思想政治工作？

深入实施网络内容建设工程，加强网络传播能力建设，依法加强网络社会管理，推动思想政治工作传统优势与信息技术深度融合，使互联网这个最大变量变成事业发展的最大增量。

21. 政法工作的指导思想是什么?

政法工作必须坚持以马克思列宁主义、毛泽东思想、邓小平理论、“三个代表”重要思想、科学发展观、习近平新时代中国特色社会主义思想为指导，牢固树立政治意识、大局意识、核心意识、看齐意识，坚定中国特色社会主义道路自信、理论自信、制度自信、文化自信，坚决维护习近平总书记党中央的核心、全党的核心地位，坚决维护党中央权威和集中统一领导，围绕统筹推进“五位一体”总体布局和协调推进“四个全面”战略布局，坚持党的领导、人民当家作主、依法治国有机统一，坚决捍卫党的领导和中国特色社会主义制度，维护宪法法律权威，支持政法单位依法履行职责，保证司法机关依法独立公正行使职权，确保政法队伍全面正确履行中国特色社会主义事业建设者、捍卫者的使命。

22. 政法工作的主要任务是什么?

在以习近平同志为核心的党中央坚强领导下开展工作，推进平安中国、法治中国建设，推动政法领域全面深化改革，加强过硬队伍建设，深化智能化建设，严格执法、公正司法，履行维护国家政治安全、确保社会大局稳定、促进社会公平正义、保障人民安居乐业的主要职责，创造安全的政治环境、稳定的社会环境、公正的法治环境、优质的服务环境，增强人民群众获得感、幸福感、安全感。

23. 政法工作应当遵循的原则是什么？

（1）坚持党的绝对领导，把党的领导贯彻到政法工作各方面和全过程。

（2）坚持以人民为中心，专门工作和群众路线相结合，维护人民群众合法权益。

（3）坚定不移走中国特色社会主义法治道路，建设社会主义法治国家。

（4）坚持服务和保障大局，为推动经济持续健康发展和保持社会长期稳定提供法治保障。

（5）坚持总体国家安全观，维护国家主权、安全、发展利益。

（6）严格区分和正确处理敌我矛盾和人民内部矛盾这两类不同性质的矛盾，准确行使人民民主专政职能。

（7）坚持走中国特色社会主义社会治理之路，推动形成共建共治共享的社会治理格局。

（8）坚持改革创新，建设和完善中国特色社会主义司法制度和政法工作运行体制机制。

（9）政法单位依法分工负责、互相配合、互相制约，确保正确履行职责、依法行使权力。

（10）坚持政治过硬、业务过硬、责任过硬、纪律过硬、作风过硬的要求，建设信念坚定、执法为民、敢于担当、清正廉洁的新时代政法队伍。

24. 党中央对政法工作的全面领导主要表现在哪些方面？

党中央对政法工作实施绝对领导，决定政法工作大政方针，决策部署事关政法工作全局和长远发展的重大举措，管理政法工作中央事权和由中央负责的重大事项。党中央加强对政法工作的全面领导，主要着力点为：

（1）坚持以习近平新时代中国特色社会主义思想为指导，为政法工作坚持正确方向提供根本遵循。

（2）确立政法工作的政治立场、政治方向、政治原则、政治道路，严明政治纪律和政治规矩，为政法工作科学发展提供政治保证。

（3）研究部署政法工作中事关国家政治安全、社会大局稳定、社会公平正义和人民安居乐业的重大方针政策、改革措施、专项行动等重大举措。

（4）加强政法系统组织建设和党风廉政建设，领导和推动建设忠诚干净担当的高素质专业化政法队伍，为政法工作提供组织保证。

25. 地方党委对政法工作的领导主要体现在哪些方面？

县级以上地方党委领导本地区政法工作，贯彻落实党中央关于政法工作大政方针，执行党中央以及上级党组织关于政法工作的决定、决策部署、指示等事项。

县级以上地方党委应当以贯彻党中央精神为前提，对本地区政法工作中的以下事项落实领导责任：

（1）统筹政法工作中事关维护国家安全特别是以政权安全、制度安全为核心的政治安全重要事项。

（2）统筹维护社会稳定工作，及时妥善处理影响社会稳定的重要事项和突发事件。

（3）统筹规划平安建设、法治建设与经济社会发展，做到同部署、同推进、同督促、同考核、同奖惩。

（4）推动政法单位依法维护社会主义市场经济秩序，为经济高质量发展提供法治保障。

（5）组织实施党中央关于政法改革方案，推动完善社会主义司法制度和政法工作运行体制机制。

（6）完善党委领导、政府负责、社会协同、公众参与、法治保障的社会治理体制，提高社会治理社会化、法治化、智能化、专业化水平。

（7）完善党委、纪检监察机关、党委政法委员会对政法单位的监督机制，保证党的路线方针政策和党中央重大决策部署贯彻落实，保证宪法法律正确统一实施。

（8）加强党对政法队伍建设的领导，完善党委统一领导、政法单位主抓、有关部门各司其职的政法队伍建设工作格局。

（9）改善执法司法条件，满足政法工作形势和任务的需要。

（10）推动完善和落实保障政法干警依法履职、开展工作的制度和政策。

（11）本地区政法工作中的其他重要事项。

26. 党委政法委员会的主要职责任务是什么？

党委政法委员会在党委领导下履行职责、开展工作，应当把握政治方向、协调各方职能、统筹政法工作、建设政法队伍、督促依法履职、创造公正司法环境，带头依法依规办事，保证党的路线方针政策和党中央重大决策部署贯彻落实，保证宪法法律正确统一实施。其主要职责任务有以下 10 个方面：

（1）贯彻习近平新时代中国特色社会主义思想，坚持党对政法工作的绝对领导，坚决执行党的路线方针政策和党中央重大决策部署，推动完善和落实政治轮训和政治督察制度。

（2）贯彻党中央以及上级党组织决定，研究协调政法单位之间、政法单位和有关部门、地方之间有关重大事项，统一政法单位思想和行动。

（3）加强对政法领域重大实践和理论问题调查研究，提出重大决策部署和改革措施的意见和建议，协助党委决策和统筹推进政法改革等各项工作。

（4）了解掌握和分析研判社会稳定形势、政法工作情况动态，创新完善多部门参与的平安建设工作协调机制，协调推动预防、化解影响稳定的社会矛盾和风险，协调应对和妥善处置重大突发事件，协调指导政法单位和相关部门做好反邪教、反暴恐工作。

（5）加强对政法工作的督查，统筹协调社会治安综合治理、维护社会稳定、反邪教、反暴恐等有关国家法律法规和政策的实施工作。

（6）支持和监督政法单位依法行使职权，检查政法单位执行党的路线方针政策、党中央重大决策部署和国家法律法规的情况，指导和协调政法单位密切配合，完善与纪检监察机关工作衔接和协作配合机制，推进严格执法、公正司法。

（7）指导和推动政法单位党的建设和政法队伍建设，协助党委及其组织部门加强政法单位领导班子和干部队伍建设，协助党委和纪检监察机关做好监督检查、审查调查工作，派员列席同级政法单位党组（党委）民主生活会。

（8）落实中央和地方各级国家安全领导机构、全面依法治国领导机构的决策部署，支持配合其办事机构工作；指导政法单位加强国家政治安全战略研究、法治中国建设重大问题研究，提出建议和工作意见，指导和协调政法单位维护政治安全工作和执法司法相关工作。

（9）掌握分析政法舆情动态，指导和协调政法单位和有关部门做好依法办理、宣传报道和舆论引导等相关工作。

（10）完成党委和上级党委政法委员会交办的其他任务。

27. 政法单位党组（党委）的主要职责任务是什么？

政法单位党组（党委）在领导和组织开展政法工作中，应当把方向、管大局、保落实，发挥好领导作用。其主要职责任务有以下 6 项：

（1）贯彻习近平新时代中国特色社会主义思想，执行党的路线方针政策和党中央重大决策部署，维护党对政法工作的绝对领导。

（2）遵守和实施宪法法律，带头依法履职，推进严格执法、公正司法，维护国家法制的统一、尊严和权威。

（3）研究影响国家政治安全和社会稳定的重大事项或者重大案件，制定依法处理的原则、政策和措施。

（4）研究推动本单位或者本系统全面深化改革，研究制定本单位或者本系统执法司法政策，提高执法司法质量、效率和公信力。

（5）履行全面从严治党主体责任，加强本单位或者本系统党的建设和政法队伍建设。

（6）完成上级党组（党委）和党委政法委员会交办的其他任务。

28. 对在领导和组织开展政法工作中违反相关规定职责的领导干部如何处理？

有关地方和部门领导干部在领导和组织开展政法工作中，违反《中国共产党政法工作条例》和有关党内法规制度规定职责的，视情节轻重，由党委政法委员会进行约谈、通报、挂牌督办等；或者由纪检监察机关、组织人事部门按照管理权限，办理引咎辞职、责令辞职、免职等。因违纪违法应当承担责任的，给予党纪政务处分；涉嫌犯罪的，依法追究刑事责任。

29. 党的群众路线是什么？

党的群众路线，就是一切为了群众，一切依靠群众，从群众中来，到群众中去，把党的正确主张变为群众的自觉行动。党的群众路线是党的生命线和根本工作路线。

30. 什么是党的群众观？

党的群众观是指中国共产党作为执政党对待人民群众的根本立场和态度以及正确处理与人民群众关系的总的看法和根本观点。党章规定，党除了工人阶级和最广大人民群众的利益，没有自己特殊的利益。党在任何时候都把群众利益放在第一位，同群众同甘共苦，保持最密切的联系，坚持权为民所用、情为民所系、利为民所谋，不允许任何党员脱离群众，凌驾于群众之上。我们党的最大政治优势是密切联系群众，党执政后的最大危险是脱离群众。党风问题、党同人民群众联系问题是关系党生死存亡的问题。

31. 基层党组织的群众工作主要包括哪几个方面内容？

基层党组织的群众工作主要有 6 个方面：发动群众、教育群众、尊重群众、联系群众、关心群众、引导群众。

32. 基层党组织做群众工作应遵循哪些原则？

群众工作的原则是开展群众工作必须遵循的准则，是能否做好群众工作的前提条件。

（1）群众自愿的原则。在群众中不论开展什么工作，必须做到让群众心甘情愿。特别是群众一时还没有弄明白的事情，不能有任何强制性的言行。要深入到群众中间，做耐心细致的思想工作，不留一点死角。要做到这一点，就得做好调查研究，把握群众的思想脉搏，针对其存在的思想疑虑，以诚恳的态度与之谈心交心，力求金石为开的效果，从而促使群众心悦诚服接受和完成各项工作任务。

（2）团结、依靠大多数群众的原则。做群众工作，是为了让广大群众都能与党保持一致，齐心协力共创美好未来。因此，基层党组织应该把群众中的绝大多数当作团结、依靠的对象，当作完成党的各项工作的主体力量。任何一个群众，只要不是站在敌对的立场，我们都要尽最大的努力将其争取过来。群众工作的最高目标，就是把所有群众都团结到党的周围。

（3）倾听群众呼声的原则。群众工作做得好不好，就看我们听到的群众呼声多不多，就看我们听到呼声后的反应是否及时，就看群众的呼声有多少变成了称心如意的赞扬声和笑声。因此，基层党组织要经常性地到群众中倾听呼声，体察民情民意，并根据群众反映出来的意愿和要求，按照轻重缓急的程度，作出应对的方案与行动。

33. 党员如何做好联系和服务群众工作？

党员联系和服务群众要做到以下 5 点：

（1）尊重和维护群众的合法权益。尊重和维护宪法、法律赋予人民群众的各项权利和正当利益，自觉同侵害群众合法权益的行为作斗争。

（2）听取和反映群众的意见。经常深入群众，了解群众情绪，倾听群众呼声，反映群众的意愿和要求。

（3）帮助群众解决实际困难。关心群众疾苦，为群众做好事、办实事、解难事，解决群众生产生活中最迫切的实际困难和问题。

（4）虚心向群众学习。尊重群众的首创精神，善于发现群众中的先进典型，及时总结和宣传群众创造的有益经验，在联系和服务群众的过程中吸取营养、经受锻炼、接受监督。

（5）做好群众的思想政治工作。向群众宣传解释党的路线方针政策和国家的法律法规，教育引导群众正确处理个人利益与集体利益、局部利益与整体利益、当前利益与长远利益的关系，凝聚群众力量。

34. 基层党组织如何做好联系和服务群众工作？

基层党组织要按照上级党组织的要求和自身条件，组织党员在做好本职工作的基础上，选择适当方式，做好联系和服务群众工作。

（1）结对帮扶困难群众。有帮扶能力的党员要与困难群众结成帮扶对子。既要立足于解决群众的实际困难，又要帮助他们树立信心，提高工作技能，自强自立。

（2）参加主题实践活动。党员要积极参加党组织开展的以服务群众为主要内容的主题实践活动，履行党员承诺，有条件的党员每年要承诺为群众办一两件实事。承诺内容要切合实际，具体可行，履行承诺的情况要自觉接受党组织和群众的监督。

（3）参加设岗定责活动。农村和街道社区党员，要根据自身实际情况，按照自主申报和组织安排相结合的办法，选择所在党组织设立的联系和服务群众岗位，履行岗位职责，努力做好联系和服务群众工作。

（4）参加社会公益活动。党员要积极参加所在地建立的志愿者队伍，开展多种形式的便民、利民活动，义务参加党员服务站（点）的工作。积极参加政府或社会团体组织的扶贫、支教、保护环境和关心下一代等志愿者服务活动。积极参加帮助生活困难群众的捐赠活动。

（5）深入基层调研。各级领导机关的党员干部要进一步转变作风，深入基层调查研究。省部级党员领导干部每年至少要有 1 个月时间，市县两级党员领导干部每年至少要有 2 个月时间，深入联系点和基层单位调研，特别要注意深入艰苦地方、困难地方和问题多的地方，听取群众意见，走访慰问困难群众，帮助基层和群众解决实际问题。要坚持民主决策，把调查研究的成果作为决策的重要依据，充分体现和维护群众的利益。调查研究要讲求实效，切忌形式主义。

（6）做好接待群众工作。党员干部特别是党员领导干部要根据各自岗位职责，定期接待群众，认真听取意见和建议。对群众反映的问题，包括信访中反映的问题，能够解决的要及时解决，受客观条件限制暂时不能解决的，要向群众做好解释工作，并协调有关部门创造条件逐步加以解决。

此外，鼓励基层党组织和党员不断创新联系和服务群众的方式方法，并把好经验好做法及时推广运用到联系和服务群众的工作中去。

35. 什么是统一战线？

统一战线是指中国共产党领导的、以工农联盟为基础的，包括全体社会主义劳动者、社会主义事业的建设者、拥护社会主义的爱国者、拥护祖国统一和致力于中华民族伟大复兴的爱国者的联盟。

统一战线是中国共产党凝聚人心、汇聚力量的政治优势和战略方针，是夺取革命、建设、改革事业胜利的重要法宝，是增强党的阶级基础、扩大党的群众基础、巩固党的执政地位的重要法宝，是全面建设社会主义现代化国家、实现中华民族伟大复兴的重要法宝。

36. 统一战线工作的指导思想和主要任务是什么？

统一战线工作的指导思想和主要任务是：在中国共产党领导下，以马克思列宁主义、毛泽东思想、邓小平理论、“三个代表”重要思想、科学发展观、习近平新时代中国特色社会主义思想为指导，坚定不移走中国特色社会主义道路，增强“四个意识”、坚定“四个自信”、做到“两个维护”，深入学习贯彻习近平总书记关于加强和改进统一战线工作的重要思想，围绕统筹推进“五位一体”总体布局、协调推进“四个全面”战略布局，积极促进政党关系、民族关系、宗教关系、阶层关系、海内外同胞关系和谐，巩固和发展最广泛的爱国统一战线，为全面建设社会主义现代化国家、实现中华民族伟大复兴服务，为坚持和完善中国特色社会主义制度、推进国家治理体系和治理能力现代化服务，为维护社会和谐稳定、维护国家主权安全发展利益服务，为保持香港澳门长期繁荣稳定、实现祖国完全统一服务。

37. 地方党委统一战线工作的主要职责是什么？

（1）贯彻落实党中央以及上级党委关于统一战线工作的决策部署和工作要求，指导和督促检查下级党组织做好统一战线工作，重视加强基层统一战线工作。

（2）定期研究统一战线重大问题、部署重要工作，每年向党中央或者上一级党委报告统一战线工作情况。

（3）按照权限制定统一战线工作相关党内法规、规范性文件和重要政策，推动制定统一战线工作相关地方性法规，并组织实施。

（4）组织开展统一战线理论方针政策的学习、研究、宣传和教育，把统一战线理论方针政策纳入党委理论学习中心组学习内容和党校（行政学院）、干部学院、社会主义学院教学内容，把统一战线工作纳入宣传工作计划，把统一战线知识纳入国民教育内容。

（5）落实党中央关于统一战线工作部门和统战干部队伍建设的要求，选优配强统战系统领导班子和主要负责人，加强统战干部、人才队伍建设。

（6）领导同级人大、政府、政协、监察委员会、法院、检察院和有关人民团体、企事业单位等做好本部门本单位本领域统一战线工作。

（7）发现、培养、使用、管理党外代表人士，健全领导干部与党外代表人士联谊交友制度。

38. 基层党组织统一战线工作的主要任务是什么？

（1）乡（镇、街道）党组织应当有人员负责统一战线工作。统一战线任务较重的地区要明确专人负责统一战线工作。有关人民团体明确相关机构负责统一战线工作。统一战线工作任务重的高等学校、科研院所党委要设置统一战线工作机构，其他高等学校、科研院所党委应当明确相应机构负责统一战线工作。统一战线工作任务重的大型国有企业党委（党组）明确机构和人员负责统一战线工作。

统一战线工作任务重的其他单位党组（党委）明确相关机构负责统一战线工作。

（2）国家机关和国有企事业单位党组（党委）负责本领域本单位党外知识分子工作，组织党外知识分子参加统一战线工作和活动。留学人员比较集中的其他城市和高等学校、科研院所等单位，可以成立留学人员组织。

（3）加强基层宗教工作，建立健全县（市、区、旗）、乡（镇、街道）、村（社区）3级宗教工作网络和乡（镇、街道）、村（社区）两级责任制。宗教工作任务重的乡（镇、街道），党委应当有领导干部分管宗教工作，并明确专人负责。

（4）与新的社会阶层人士联系密切的党政部门、群众团体、社会组织等，应当发挥职能作用，健全工作机制，密切协调配合，共同做好新的社会阶层人士统一战线工作。新的社会阶层人士所在街道、社区、园区、企业等的党组织应当落实主体责任，把新的社会阶层人士统一战线工作纳入重要工作职责，研究解决突出问题。

（5）发挥高等学校、科研院所培养和选拔党外代表人士的重要基地作用，注意从国家机关、国有企事业单位、民营企业以及新的社会阶层人士、出国和归国留学人员中发现党外代表人士。

39. 国家机关和国有企事业单位党外知识分子工作的重点对象是什么?

具有高级职称的党外知识分子，学术带头人或者重要业务骨干中的党外知识分子，担任国家机关、高等学校、科研院所、大中型国有企业中层以上领导职务的党外知识分子，其他有成就、有影响的党外知识分子。

40. 在非公有制经济领域统一战线工作中，工商联有哪些职责?

工商联是党领导的以民营企业和民营经济人士为主体的，具有统战性、经济性和民间性有机统一基本特征的人民团体和商会组织。工商联围绕促进非公有制经济健康发展和非公有制经济人士健康成长的主题履行职责、发挥作用。

工商联对所属商会履行业务主管单位职责，对会员开展思想政治工作、教育培训，对所属商会主要负责人进行考察考核。工商联对其他以民营企业和民营经济人士为主体的行业协会商会加强联系、指导和服务。

统战部、工商联按照同级党委安排，参与民营企业党建工作。工商联党组应当支持和配合做好所属会员企业党组织组建工作。

工商联党组对所属商会党建工作履行全面从严治党主体责任。

41. 新的社会阶层人士主要包括哪些人?

民营企业和外商投资企业管理技术人员、中介组织和社会组织从业人员、自由职业人员、新媒体从业人员等。

42. 港澳统一战线工作的主要任务是什么?

全面准确贯彻“一国两制”“港人治港”“澳人治澳”、高度自治的方针，坚持和完善“一国两制”制度体系，严格依照宪法和基本法办事，支持特别行政区行政长官和政府依法施政，支持港澳融入国家发展大局，发展壮大爱国爱港、爱国爱澳力量，增强香港同胞、澳门同胞国家意识和爱国精神，维护国家主权安全发展利益，维护香港、澳门长期繁荣稳定，确保“一国两制”实践行稳致远。

43. 对台统一战线工作的主要任务是什么?

贯彻执行党中央对台工作大政方针，坚持一个中国原则，广泛团结海内外台湾同胞，发展壮大台湾爱国统一力量，反对“台独”分裂活动，不断推进祖国和平统一进程，同心实现中华民族伟大复兴。

44. 海外统一战线工作的主要任务是什么？

加强思想政治引领，增进华侨和出国留学人员等对祖国的热爱和对中国共产党、中国特色社会主义的理解认同；传承和弘扬中华优秀文化，促进中外文化交流；鼓励华侨参与我国改革开放和社会主义现代化建设，融入民族复兴伟业；遏制“台独”等分裂势力，维护国家核心利益；发挥促进中外友好的桥梁纽带作用，营造良好国际环境。

第十章

党徽党旗和党内表彰工作

1. 党徽党旗的图案是什么?

中国共产党党徽为镰刀和锤头组成的图案。中国共产党党旗为旗面缀有金黄色党徽图案的红旗。

党徽党旗表明中国共产党是中国工人阶级的先锋队，同时是中国人民和中华民族的先锋队，是为中国人民谋幸福、为中华民族谋复兴，为坚持和发展中国特色社会主义、为实现共产主义远大理想而不懈奋斗的马克思主义政党。

2. 为什么要维护党徽党旗的尊严?

中国共产党的党徽党旗是中国共产党的象征和标志。党的各级组织和每一个党员都要维护党徽党旗的尊严。

3. 党徽党旗制作、使用、管理必须坚持什么原则?

党徽党旗制作、使用、管理必须坚持统一标准、统一规范，坚持分级负责、集中管理。

4. 党徽直径的通用尺度有几种？

党徽直径的通用尺度为下列 3 种：

（1）100 厘米。

（2）80 厘米。

（3）60 厘米。

需要悬挂非通用尺度党徽的，应当按照通用尺度成比例适当放大或者缩小，与悬挂背景、场合相适应。

党徽图案一般使用金黄色或者红色。

5. 应当使用党徽或者党徽图案的情形有哪些？

下列情形应当使用党徽或者党徽图案：

（1）召开党的全国代表大会、代表会议和地方各级代表大会、代表会议，在显著位置悬挂党徽，并在党徽两侧各布 5 面红旗。

（2）召开党的中央和地方委员会全体会议，在显著位置悬挂党徽。

（3）党的中央和地方委员会及其工作部门、党的中央和地方委员会在特定地域派出的代表机关及其工作部门、党的纪律检查机关、党组、党的基层组织的印章（印模），中间刻党徽图案。

6. 可以使用党徽图案的情形有哪些？

党的基层委员会召开党员大会或者党员代表大会，根据需要可以悬挂党徽。下列情形可以使用党徽图案：

（1）党内重要会议、重要活动使用的证件、标识等。

（2）党的各级组织颁发的奖章、徽章、奖状、证书和其他荣誉性文书、证件，制作的有关工作证件等。

（3）党内重要出版物、宣传品等。

（4）党的各级组织的网络网站。

（5）党员教育基地、党员先锋岗、党建宣传栏（墙），以及党群服务中心、党员活动室等基层党组织活动场所。

（6）开展党的对外交往活动。

7. 党旗的通用尺度有几种？

党旗的通用尺度为下列 5 种：

（1）长 288 厘米，宽 192 厘米。

（2）长 240 厘米，宽 160 厘米。

（3）长 192 厘米，宽 128 厘米。

（4）长 144 厘米，宽 96 厘米。

（5）长 96 厘米，宽 64 厘米。

在特定场合需要使用非通用尺度党旗的，应当按照通用尺度成比例适当放大或者缩小。

8. 应当使用党旗的情形有哪些？

下列情形应当使用党旗：

（1）举行新党员入党宣誓仪式，组织党员重温入党誓词。

（2）党内举行重大庆祝、纪念活动。

（3）党的中央和地方委员会及其工作部门、党的中央和地方委员会在特定地域派出的代表机关及其工作部门、党的纪律检查机关、党组的会议室。

9. 可以使用党旗的情形有哪些？

下列情形可以使用党旗：

（1）召开党员大会、党的基层代表大会。

（2）党的基层组织开展主题党日。

（3）党员教育基地、党员先锋岗，以及党群服务中心、党员活动室等基层党组织活动场所。

（4）在重要工作、重要项目攻关和抢险救灾、抗击疫情一线的党组织阵地、党员突击队等。

（5）开展党的对外交往活动。

除上述情形外，一般参照党徽图案可以使用情形使用党旗图案。

10. 不得使用党徽党旗及其图案的情形有哪些？

党徽党旗及其图案不得用于：

（1）商标、授予专利权的外观设计和商业广告。

（2）私人活动。

（3）私人场所、个人网络空间的标识物。

（4）个人日常用品、日常生活的陈设布置。

（5）其他不适宜的场所、情形和环境。

11. 使用党徽党旗时被禁止的行为有哪些？

不得在党徽党旗上添加任何文字、符号和图案等，不得使用破损、污损、褪色的党徽党旗，不得制作使用任何不符合本条例所附制法说明的党徽党旗。不得倒挂、倒插或者以其他有损党徽党旗尊严的方式升挂、使用党徽党旗。

不得随意丢弃党徽党旗。破损、污损、褪色、标记文字和符号等不符合制作使用规定的党徽党旗，应当按照规定收回、处置。党内举行重大庆祝、纪念活动后，按照谁发放、谁负责的原则，由有关单位收回或者妥善处置活动现场使用的党徽党旗。

12. 什么是党内功勋荣誉表彰?

中共中央2017年8月8日印发的《中国共产党党内功勋荣誉表彰条例》规定，党内功勋荣誉表彰，是指通过授予勋章、荣誉称号，表彰以及颁发纪念章等形式，对党员、党组织等进行褒奖。

13. 党内功勋荣誉表彰应当遵循哪些原则?

《中国共产党党内功勋荣誉表彰条例》规定，党内功勋荣誉表彰工作应当遵循以下原则：

（1）体现先进性、代表性和时代性。

（2）以德为先、注重实绩、群众公认。

（3）公开，公平、公正。

（4）依法依规、坚持标准、从严掌握。

（5）以精神激励为主。

（6）分级分类管理。

14. 什么是“七一勋章”？

《中国共产党党内功勋荣誉表彰条例》规定，党中央设立“七一勋章”。“七一勋章”是党内最高荣誉。“七一勋章”授予在中国特色社会主义伟大事业和党的建设新的伟大工程中作出杰出贡献、创造宝贵精神财富的党员。授予对象应当在全党全社会具有重大影响、受到高度赞誉。“七一勋章”可以追授，一般追授给《中国共产党党内功勋荣誉表彰条例》施行后去世的党员。

2021年6月29日，中共中央作出《关于授予“七一勋章”的决定》，授予马毛姐等29位同志“七一勋章”。同日，庆祝中国共产党成立100周年“七一勋章”颁授仪式在北京人民大会堂金色大厅隆重举行。中共中央总书记、国家主席、中央军委主席习近平向“七一勋章”获得者颁授勋章并发表重要讲话。

15.“七一勋章”如何产生？

“七一勋章”通过评授和普授两种方式产生，特殊情况下可以由党中央直接授予。评授指评选授予，按设定条件好中选优，评选确立，一般每5年授予1次，在中国共产党成立“逢五、逢十”周年时进行，有需要时可以及时授予。普授指普遍授予，根据特定历史时期的任务、特点确定基本条件，凡符合基本条件的参与者，参加者均可授予。

16. 党中央可以设立其他名称的勋章吗?

根据需要，党中央可以设立其他名称的勋章。

17. 什么是党内荣誉称号?

党中央设立荣誉称号，授予在中国特色社会主义伟大事业和党的建设新的伟大工程中作出突出贡献、具有崇高精神风范，以及在抢险救灾、处置突发事件或者完成重大专项任务等工作中表现特别突出、事迹特别感人的党员和党组织。

荣誉称号名称根据被授予对象的事迹特点确定，或者冠以专项工作称谓。荣誉称号可以追授，一般追授给《中国共产党党内功勋荣誉表彰条例》施行后去世的党员。

18. 党内荣誉称号如何产生?

中央组织部根据有关方面建议，提名荣誉称号授予对象，经党和国家功勋荣誉表彰工作委员会审查，报党中央决定。党中央可以直接决定荣誉称号的授予对象。

19. 党内表彰的种类有哪些?

党中央和地方各级党委及其派出的代表机关、对下属单位实行集中统一领导的国家工作部门党委、基层党委，可以设立优秀共产党员、优秀党务工作者、先进党组织等表彰项目。经党中央批准，省、自治区、直辖市党委，中央组织部，可以设立优秀党组织书记表彰项目。

中央纪委、党中央工作部门和省、自治区、直辖市纪委、党委工作部门，可以设立个人和集体表彰项目，表彰办法按照有关规定执行。

经上级党组织批准，基层党委可以设立其他表彰项目。

20. 可表彰为优秀共产党员的基本条件是什么？

对模范履行党员义务，正确行使党员权利，自觉遵守党的纪律，在生产、工作、学习和社会生活中带头发挥先锋模范作用的正式党员，可以表彰为优秀共产党员；重点表彰基层和生产、工作一线的党员。

21. 预备党员能否被评为优秀共产党员？

优秀共产党员只能授予正式党员。预备党员还没有取得正式党员的资格，正在接受党组织的培养教育和考察，不能被评为优秀共产党员。

有些预备党员在预备期表现突出，党组织可以对其进行表扬，也可推荐他们为先进工作者。同时，在预备党员转正时要充分考虑他们的突出表现。

22. 可表彰为优秀党务工作者的基本条件是什么？

对模范履行党的建设工作职责、作出显著成绩的专职或者兼职党务工作者，可以表彰为优秀党务工作者；重点表彰基层党务工作者。

23. 可表彰为先进党组织的基本条件是什么？

对模范履行职能职责、出色完成各项工作任务的党组织，可以表彰为先进党组织；重点表彰基层党组织，可以表彰党委派出的代表机关。

24. 党组织定期开展集中表彰的期限有什么规定？

党组织一般定期开展集中表彰。

党中央集中表彰，一般每 5 年 1 次。省、自治区、直辖市党委，党中央派出的代表机关，国家工作部门党委集中表彰，一般每 5 年 1 至 2 次。省级以下地方各级党委及其派出的代表机关、国家工作部门党委集中表彰，一般每 5 年 2 至 3 次。

基层党委集中表彰的时间，由上级党组织作出规定。

25. 党组织开展集中表彰的数量如何确定?

集中表彰的数量，一般根据党员和党组织数量、结构、分布等因素确定。表彰全国优秀共产党员、全国优秀党务工作者、全国先进党组织数量，由党中央确定。

省、自治区、直辖市党委，党中央派出的代表机关，国家工作部门党委集中表彰优秀共产党员、优秀党务工作者、先进党组织数量，与中央组织部沟通后确定。

省、自治区、直辖市党委，党中央派出的代表机关，国家工作部门党委，对下级党组织开展集中表彰数量作出指导性规定。

26. 党组织开展集中表彰的程序是什么?

党组织开展集中表彰，一般按照以下程序进行：

（1）启动。开展表彰的党组织制定表彰工作方案，报上级党委（工委）组织部门备案。

（2）推荐。按照党组织隶属关系，采取自下而上、上下结合的方式组织党员和党组织进行推荐，逐级研究提出推荐对象。

（3）考察。党组织对推荐对象进行考察，征求纪检机关、相关部门意见。经考察合格后，向开展表彰的党组织提出建议表彰对象。

（4）审核。开展表彰的党组织对建议表彰对象进行审核。经审核符合条件的，确定为拟表彰对象。

（5）公示。开展表彰的党组织对拟表彰对象进行公示。

（6）决定。开展表彰的党组织召开会议，集体研究确定表彰对象，作出表彰决定。

集中表彰全国优秀共产党员、全国优秀党务工作者、全国先进党组织，由中央组织部提出表彰工作方案并组织实施。拟表彰对象报党中央批准后，由党中央作出表彰决定。表彰对象名单由中央组织部报党和国家功勋荣誉表彰工作委员会备案。

27. 党组织开展及时性表彰的数量如何确定？

开展及时性表彰，根据实际情况确定数量。

28. 党组织开展及时性表彰的程序是什么？

党组织开展及时性表彰的程序可参照党组织开展集中表彰的程序，可以适当简化工作程序。

29. 优秀共产党员、优秀党务工作者能否追授？

优秀共产党员、优秀党务工作者可以追授，一般追授给《中国共产党党内功勋荣誉表彰条例》施行后去世的党员。

30. 什么是纪念章?

2015 年 12 月 25 日印发的《中共中央关于建立健全党和国家功勋荣誉表彰制度的意见》规定，除勋章、荣誉称号、表彰奖励外，党中央、国务院、中央军委可向参与特定时期、特定领域重大工作的个人颁发纪念章。纪念章是荣誉性纪念。

《中国共产党党内功勋荣誉表彰条例》对“纪念章”的颁发作了进一步规定：党中央可以单独或者与国务院、中央军委联合向参与特定时期、特定领域重大工作的党员颁发荣誉性纪念章。经党中央批准，省、自治区、直辖市党委可以单独或者与同级政府等联合向党员颁发荣誉性纪念章。经党中央批准，中央纪委、党中央工作部门、党中央派出的机关代表、国家工作部门党委可以向党员颁发荣誉性纪念章。

31. 什么是“光荣在党 50 年”纪念章?

2021 年党中央首次颁发“光荣在党 50 年”纪念章。“光荣在党 50 年”纪念章首次颁发对象是健在的截至

2021 年 7 月 1 日党龄达到 50 周年、一贯表现良好的党员。“光荣在党 50 年”纪念章首次颁发以后，将作为一项经常性工作，一般每年“七一”集中颁发一次。经党中央批准，中央组织部印发《“光荣在党 50 年”纪念章颁发管理办法》，对纪念章的颁发程序、颁发方式、制作、管理等作出了规定。

32. 功勋荣誉表彰奖励获得者享有哪些待遇？

《功勋荣誉表彰奖励获得者待遇规定（试行）》和《生活困难表彰奖励获得者帮扶办法（试行）》规定，对国家勋章和国家荣誉称号获得者，以及国家级、省部级表彰奖励明确享受待遇的人员在政治待遇、生活待遇、工作待遇等方面享有的礼遇作了规定，同时提出对生活确有困难的功勋荣誉表彰奖励获得者按照规定及时予以帮扶。

（1）政治待遇。功勋荣誉获得者享有崇高礼遇，设立党、国家、军队功勋簿记载功勋荣誉获得者及其功绩。

优先推荐功勋荣誉表彰奖励获得者，作为党的各级代表大会代表候选人、各级人民代表大会代表候选人、各级人民政治协商会议委员人选，在各级工会、共青团、妇女组织等群团组织担任职务。

功勋荣誉表彰奖励获得者可以受邀请参加党和国家庆

典及各级党委和人大、政府、政协以及军队举办的重要庆典、纪念活动等。

各地区各部门应当在重要节日、纪念日等走访慰问功勋荣誉表彰奖励获得者。

各地区各部门可以为功勋荣誉表彰奖励获得者建立荣誉、技能、创新工作室，按规定发行邮票、纪念币和树立雕塑，采取创作主题文艺作品、制作播出公益广告、载入地方志等形式，弘扬其突出功绩和精神风范。

（2）物质奖励。对于功勋荣誉表彰奖励获得者发放春节慰问金。春节慰问金标准根据功勋荣誉表彰奖励层级确定，并根据经济社会发展水平动态调整。

对于表彰奖励获得者发放奖金。奖金标准根据奖励层级、行业特点、表彰规模、物价水平等因素确定，并根据经济社会发展水平动态调整。对于获得表彰奖励的集体，不发放奖金。

对于不享受待遇的省部级以上的表彰奖励获得者和市（地）、县级表彰奖励获得者，可以由授奖主体发放一次性奖金。

（3）工作待遇和生活待遇。适当提高功勋荣誉表彰奖励获得者工资或者薪酬待遇。对于在机关事业单位工作的功勋荣誉表彰奖励获得者，高定 5 个档次或者薪级；国家级表彰奖励获得者、省部级表彰奖励获得者，分别高定 2 个、1 个档次或者薪级。对于在企业工作的功勋荣誉表彰奖励获得者，企业应当提高其薪酬待遇。

对于按国家规定办理退休手续或者不属于职工养老保险覆盖范围、达到城乡居民养老金领取年龄的功勋荣誉表彰奖励获得者，可以发放荣誉津贴。发放办法及荣誉津贴标准由各地区根据经济社会发展水平确定。

各地区各部门可以组织本地区本系统功勋荣誉表彰奖励获得者开展休假、疗养、体检、学习培训、考察交流等活动。

有条件的地区和部门应当对功勋荣誉表彰奖励获得者在就医、落户等方面给予优待。

第十一章

党务工作常用文书写作

1. 什么是决议？

决议是发布经过会议讨论通过的重大决策事项时使用的文件，具有很强的权威性、指导性和约束力。对于基层党组织来说，如党支部党员大会或党支部委员会会议决定的重大事项，可以以决议的形式来发布。决议可大致分为3种：批准性决议、就有关专门问题作出的决议和安排有关工作的部署性决议。

2. 写好决议有哪些方法和技巧？

决议在写作上的行文格式，一般由标题、正文两部分组成。

（1）标题。标题包括发文机关名称、事由、文种等，如《中国共产党 ×××× 党支部关于 ×××× 的决议》，并要在标题下方注明作出此决议的时间、何种会议通过，如（×××× 年 ×× 月 ×× 日，党支部党员大会或党支部委员会会议通过）。

（2）正文。正文包括决议引据、决议事项、决议号召。决议引据即写明通过此决议的依据或原因；决议事项即写明此决议通过了什么事，一般要回顾和总结前一时期在这方面的工作情况、经验教训，对今后这方面工作的基本部署和要求等；决议号召即写明党组织对此决议所决定事项的鼓动性号召，以提振党员士气，促进决议精神的贯彻落实。

（3）写作技巧和注意事项。一要正确运用决议文种，即必须是经过会议讨论和通过的重要文件或事项，凡未经会议讨论或虽经会议讨论但未获得通过的，甚至个人决定的文件或事项，均不可使用决议文种；二是决议的内容要详略得当，行文要层次分明；三是用语要恰当、概括、凝练，要讲究语言的运用和文字的推敲。

3. 什么是决定?

决定是对重要事项作出决策和部署、奖惩有关单位和人员、变更或者撤销下级机关不适当的决定事项时使用的文种。对于党支部来说，如党支部党员大会或党支部委员会会议决定的事项，可以以决定的形式来发布。

4. 写好决定有哪些方法和技巧?

决定在写作上的行文格式，一般由标题、正文两部分组成。

（1）标题。主要写明作出决定的机关、决定的事项、文种，如《中国共产党 ×××× 党支部关于 ×××× 的决定》，并在标题下方注明作出决定的具体日期。

（2）正文。包括决定缘由和决定事项。决定缘由，即写明对某一重要问题或重大活动作出决定的原因或依据，写法上要开门见山、简明扼要。决定事项，即写明决定的内容，决定了什么就写什么，语言文字要准确，切忌模棱两可、含糊其词。一般在正文的最后还要简短地写上一些号召性的内容。

5. 什么是通知?

通知是发布、传达要求下级机关执行和有关单位周知或者执行的事项，批转、转发公文时所使用的文种。对于党支部来说，如要求各党小组或党员群众参加的会议、开展的活动、要做的工作等，可以用通知的形式来发出。

6. 写好通知有哪些方法和技巧？

通知在行文格式上，一般有标题、正文。

（1）标题。在标题中要写明发文的机关、事由、文种。由于通知的适用范围很广，所以在“事由”方面有着与其他文种不同的要求。如要注明此通知是“发布”，还是“批转”“批发”等字样，常见的有《中国共产党 ×××× 支部委员会关于 ×××× 的通知》《中国共产党 ×××× 支部委员会关于转发〈中国共产党 ×××× 委员会关于 ×××× 的通知〉的通知》。

（2）正文。主要包括两部分内容。一是发出通知的原因。说明原因的文字要简明，不宜过长。写完原因后，往往要写承启用语，如“为此，特作如下通知”或者“现通知如下”等，将原因和事由连接起来。二是本通知的事由。事由主要写明对有关通知事项的安排和要求。最后要注明发此通知的时间。

党支部最常用的通知就是会议通知，一般要写会议的目的、内容、时间、地点、参加人员、需要携带的材料，会期及报到日期和地点，等等。

（3）写作技巧和注意事项。通知具有较强的适用性，但不可滥用；语言力求简洁，以告之于人为目的，不可赘述道理。批示性通知还要注意讲究措辞，批转或批发的文件可用“同意”“原则同意”“望认真执行”“遵照执行”“研究执行”“贯彻执行”“照此执行”等。究竟要用哪种词语，需要精心选择。

7. 什么是通报？

通报是党政机关和社会团体用于表彰好人好事，批评错误倾向，介绍典型工作情况、经验教训、好坏典型事例以及把具有典范、指导、教育、警诫意义的事件通知所属下级单位时使用的公文文种。从内容来看，通报可以分为表扬性通报和批评性通报两种。

8. 写好通报有哪些方法和技巧？

通报的内容一般包括标题、正文、署名和日期。

（1）标题。标题由发文单位 + 事项 + 文种构成，如《国务院办公厅关于违规修建办公楼等楼堂馆所案件调查处理情况的通报》，或者由事项 + 文种构成。

（2）正文。一般可分为 3 段：一是简明扼要地写明发出通报的理由，说明为什么某种行为或作风是值得提倡的或是错误的，为什么提倡，为什么是错误的，它违反了党和国家哪些方面的规定，已经造成了哪些不良的影响，等等。二是写明通报的具体事实或具体情节，包括事情发生的时间、地点、场合、参与这一事情的有关人员。必要时写清楚当时的客观情况，使人们清楚被通报事件的重要性。三是针对上面通报的事实，深刻地进行分析，指出应该吸取的经验教训。发通报的单位，还可以在这一段里对有关单位或个人提出一些希望和要求。

（3）署名和日期。要根据被通报的对象以及通报的内容来确定。有的要用党委或党支部的名义，有的要用党的纪律检查委员会的名义。还要写明具体的年月日。

（4）写作技巧和注意事项。因为通报是一种影响比较大且十分严肃的公文，写作时一定要慎重。一是通报事项必须反复核实。对所通报的人和事必须做好调查研究工作，核对准确，有根有据。二是通报事例要对指导工作有普遍意义，通报的观点一定要符合党和国家的有关方针、政策和法令。三是提出的要求要切合本地区、本系统的实际。四是把握分寸，无论是表彰先进的通报还是批评错误的通报，评价或定性要十分准确，恰如其分。五是注意时效性，尤其是配合中心工作所做的通报，必须把握好通报时间，使之对工作起到推进作用。

9. 什么是报告？

报告有两种情况：一种是下级机关向上级机关反映情况、汇报工作的文书；另一种是领导干部在会议上向代表和群众汇报工作的文书。报告是对工作阶段性或单项性的全貌和真实情况的客观反映，是对客观事物发展规律的认识，也是上下级密切联系的方式之一。

按内容，报告分为专题报告、综合报告、总结报告等；按时间，报告分为年度报告、季度报告、月度报告等。

10. 写好报告有哪些方法和技巧？

报告的结构一般由标题、正文、署名和日期组成。

（1）标题。要根据所写报告的中心意思概括出一个恰当的标题，如“关于我支部今年上半年发展党员工作的报告”。

（2）正文。主要写明需要向上级报告的内容。正文一般由情况和意见两部分组成，结尾重点放在提出要求和希望、论述工作发展趋势和权衡利弊上。

（3）署名和日期。要写送出报告单位的全称，写明具体年、月、日。

（4）写作技巧和注意事项。一是写综合报告时应注意抓住重点，突出主要矛盾和矛盾的主要方面。在此基础上列出若干观点，分层次阐述。说明观点的材料要详略得当，以观点统领材料。二是写专题报告要一事一报，体现其专一性，切忌在同一专题报告中反映几件各不相干的事项和问题。三是切忌将报告提出的建议或意见当作请示，要求上级指示或批准。

11. 什么是请示？

请示是下级组织向上级机关请求指示和批准时使用的文种。请示大致可以分为 3 种类型：一是请求上级机关指示的请示；二是请求上级机关批准的请示；三是请求上级机关批转的请示。

一般来说，以下几个方面的事项需要请示：一是主管上级机关明确规定必须请示审核或批准的工作事项；二是在工作执行中，对有关方针、政策、指示等理解不准或认识不明的问题，工作中遇到了新情况或新问题而又无章可循、难以处理的问题；三是某些事项，内部意见分歧，影响工作正常进行的问题；四是因本单位情况特殊，在执行统一规定或上级决定时需变通处理的问题；五是事关重大、性质严重的问题；等等。

12. 写好请示有哪些方法和技巧?

请示的结构比较固定，一般由标题、主送机关、正文、结尾 4 个部分组成。

（1）标题。请示的标题一般有两种构成形式：一种是由发文机关名称、事由和文种构成，另一种是由事由和文种构成。要尽可能把请示的问题在标题上体现出来，使人一目了然，如《关于中共 ×××× 支部委员会组成人员候选人预备人选的请示》。

（2）主送机关。请示的主送机关是指负责受理和答复该文件的机关。每件请示只能写一个主送机关，不能多头请示。

（3）正文。其结构一般由开头、主体和结语 3 个部分组成。第一部分，开头主要交代请示的缘由。它是请示事项能否成立的前提条件，也是上级机关批复的根据，原因讲得客观、具体，理由讲得合理、充分，上级机关才好及时决断，予以有针对性的批复。第二部分，主体主要说明请求事项。它是向上级机关提出的具体请求，也是陈述缘由的目的所在。这部分内容要单一，只宜请求一件事。另外，请示事项要写得具体、明确、条项清楚，以便上级机关给予明确批复。第三部分，结语应另起一段，习惯用语一般有“当否，请批示”，“妥否，请批复”，“以上请示，请予审批”等。

（4）结尾。一般包括署名和成文时间。标题写明发文机关的，这里可不再署名，但需加盖单位公章，成文时间写明具体年、月、日。同时，还应附上抄送单位。

（5）写作技巧和注意事项。第一，请示的问题必须是工作中亟待解决的问题，理由要充分，并具体明确地提出对上级的要求，如果有时间限制或事态严重，应请求上级尽快批复。第二，请示必须写在事情发生之前或采取措施之前，不能先斩后奏。第三，请示必须是职权范围内无法解决的问题，如果对某些意见有分歧，要分别陈述不同意见的内容，并加以分析比较，说明利弊，也可提出倾向性意见，供上级权衡。第四，不能多头请示和越级请求。第五，专题专文，行文简短，语气谦和肯定，基本上用陈述式。第六，有些请示的事项要说明的情况多，则需另附请示说明。

13. 什么是纪要？

纪要是记载和表达会议精神以及议定事项时使用的文种。纪要的作用是：一是总结会议成果，通报会议精神、记载会议活动，积累留存资料；二是约束和指导有关单位和人员贯彻执行会议精神，促进工作的开展。

14. 写好纪要有哪些方法和技巧？

纪要一般由标题、开头、正文和结尾 4 个部分组成。

（1）标题。标题由会议名称和文种组成。有两种情况，一种是直接以会议的名称和文种组成，如《中国共产党 ×××× 支部委员会会议纪要》。另一种是由正、副标题组成，正标题突出会议的主要精神，副标题列明会议名称和文种，如《努力实现新时代的良好开局——中国共产党中央委员会 ×××× 会议纪要》。标题下面写明纪要的形成时间。

（2）开头。开头一般写会议的概况，包括会议的依据、目的，召开的时间、地点，参加会议的人员，会议的议程，主要收获或基本估价等，文字力求简洁、精练、实在。

（3）正文。写正文常用的方法：一是概述法，即把会议的程序、进展情况综合在一起，概括地叙述出来，主要写会议的情况及成果，而不反映意见性、要求性的东西。二是分项法，即把会议内容归纳为几个问题来写。会议规模较大、内容较多、涉及面较广时，可以在深度、广度上有条理地反映会议内容，常用“会议认为”“会议指出”等词语引领下文。三是提要法，即把会上有代表性的发言，按顺序抓住要点写出来，如实反映与会人员讨论情况及其态度。

（4）结尾。结尾一般有两种情况，一是在纪要的最后提出希望，一般单独作为一段结束全文；二是不作结尾语或结束段，最后一个问题讲完就是全文的结束。

（5）写作技巧和注意事项：一是善于正确集中会议讨论的意见，多方了解各种意见，既要反映多数人的意见，也要反映少数人的正确的意见，并须经过与会人员的反复讨论修改，征得与会人员的同意后，方可发出。二是突出会议中心和要点，做到重点突出、主题明确。三是注重条理化，对会议讨论的问题和意见分类别、分层次、分顺序地加以归纳，使人们看后能够把握要领，便于记忆和落实。

15. 什么是总结？

总结是对已经过去或正在进行着的工作进行回顾，为今后工作提供经验教训时使用的文种。

总结是一种用途广泛的文种，其分类也较多，如从时间方面来分有月度总结、季度总结、年度总结等；从工作性质方面来分有工作总结、生产总结、学习总结等；从范围方面来分有单位总结、个人总结等；从总结内容方面来分有综合总结和专题总结等。

16. 写好总结有哪些方法和技巧？

（1）正文。总结正文有 4 个部分：一是基本情况，是对整个总结内容的概述，要重点突出，言简意赅；二是成绩与问题，在论述时要求材料属实，言之有物，用事实说话，不溢美，不隐恶；三是经验教训，要归纳准确，就事论理，既要上升到理论高度，又要防止泛泛而谈；四是改进措施与努力方向，最好是结合总结内容和本单位的实际情况，提出具有特色的措施和意见。

（2）写作技巧和注意事项。在写法上，总结有按问题性质分别总结的，也有按时间顺序来写的。一是熟悉实践过程，积累选择材料，注意围绕主旨表达的需要选择真实、具体的材料。二是实事求是，总结规律，对实践工作的评判要准确恰切，对经验教训的分析要实事求是，不能夸大成绩，隐瞒缺点。对所选用的事实材料进行深入的分析、研究，从中提炼概括出规律性的东西。三是观点与材料要一致，叙述议论要得当。

17. 什么是工作计划？

工作计划是对即将进行的工作或活动预先提出目的、要求、任务、指标、步骤、措施和完成期限的文件。这是基层党组织常用的文书。有另一种计划性文书叫工作要点，比工作计划简略一些，它只是列出具体的工作事项，以及完成工作的时间、要求和举措。相比工作计划而言，工作要点少了一些对情况的分析，即少了“为什么”的分析。

18. 写好工作计划有哪些方法和技巧？

工作计划的结构包括标题、正文（具体事项）、单位名称和日期、附件（但不一定所有的计划都有附件）。

（1）标题。计划的完整标题包括 4 个方面的内容：计划单位的名称、计划时限、计划内容摘要、计划名称。如“×× 县 ×××× 年产业发展计划”。

（2）正文。即计划的具体事项。完整的计划正文包括情况分析、工作任务和要求、工作方法措施和步骤。规模较大的计划，则在情况分析之后，提出制订计划的指导思想，以及该计划提出的总体目标。

（3）署名和日期。正文结束后，标题中未带单位名称的，则在正文左下方的制订日期上一行署单位名称，标题中已带单位名称的，则只签署日期。如果是个人计划，则不必在标题中写上名字，而须在正文右下方的日期之上署名。

（4）附件。与工作计划密切相关的一些材料，不便于在正文里表述的，可以附表、附图，作为附件放在最后。

（5）写作技巧和注意事项。一是计划提出任务和要求应该具体明确，有的还要定出数量、质量和时间要求。二是计划中要有实现计划的相应的具体措施和办法，措施和办法主要指达到既定目标需要采取什么手段，动员哪些力量，创造什么条件，排除哪些困难等。三是执行计划的工作程序和时间安排要清晰明确。每项任务，在完成过程中都有阶段性，而每个阶段又有许多环节，它们之间常常是互相交错的。因此，制订计划必须胸有全局，妥善安排，哪些先干，哪些后干，应合理安排。而在实施中，又有轻重缓急之分，哪些是重点，哪些是一般，也应该明确。在时间安排上，要有总的时限，又要有每个阶段的时间要求，以及人力、物力的安排。这样，可使有关单位和人员知道在一定的时间内，一定的条件下，把工作做到什么程度，以便争取主动，有条不紊地协调进行。

19. 什么是通讯？

通讯是运用叙述、描写、议论等多种写作方法，形象地宣传报道典型人物或事件的新闻文体。通讯可分为人物通讯、事件通讯和工作通讯。

20. 写好通讯有哪些方法和技巧？

写通讯的基本要求主要有以下 5 点：

（1）要有时代精神，抓住人民群众所关心的热点问题，赋予新的形象和新的思想。

（2）要有典型事例，进行重点表述。

（3）要有感染力，对所报道的人物、事件进行恰如其分的描写、议论和抒情，在矛盾冲突中展开情节，增强文章的表现力和辐射力。

（4）要有真实性，绝不能主观想象、胡编乱造，不能用写小说的手法写通讯。

（5）要有及时性，对新近发生的事件进行报道，以增强通讯对现实生活的教育意义。

21. 什么是发言稿？

发言稿是为在会议上发言准备的文稿。发言稿应根据会议主题确定内容，以免文不对题。发言的内容应当集中，围绕一个中心思想而展开论述。

22. 写好发言稿有哪些方法和技巧？

（1）写作方法。发言稿较为灵活，可以依据发言内容来具体确定文体。如果仅仅是说明某个事件，可采用说明文体；如果要交代事件的全貌，可采用记叙文体；如果是论证某个主张，可采用议论文体。发言稿不像发表文章那样严谨，常常以一种文体为主，它可兼用其他文体，不过要因事制宜，用得恰到好处。

（2）写作技巧和注意事项。一是中心思想要明确；二是结构要严谨；三是所用事实要真实可靠；四是语言表达要简洁生动。对发言稿中所提到的问题，应把问题产生的背景、问题的焦点、问题的发展状况等加以说明，以求得他人听后能从中受到启发和教益。

23. 什么是讲话稿？

讲话稿有广义和狭义之分。广义的讲话稿是指人们在特定场合发表讲话的文稿；狭义的讲话稿是指一般所说的领导讲话稿，是各级领导在各种会议上发表带有宣传、指示、总结性质讲话的文稿。讲话稿可分为规范式讲话稿和灵活式讲话稿两种。

24. 写好讲话稿有哪些方法和技巧？

规范式讲话稿一般适用于党的正式会议上的工作报告。在结构上，要求有标题、开头、主体、结尾 4 个部分。

（1）标题。标题多采用正、副标题的写法，正题揭示讲话的中心思想，副题写明什么人在什么会议上的报告。也可采用没有副标题的写法，此时须在标题下方写明报告的具体日期，日期下面写报告人的姓名。

（2）开头。首先顶格写报告对象的称呼，然后另起一行对报告的内容作简要概括，接着写“现报告如下，请予审议”之类的话，也有的报告只写一句报告对象的称呼，就直接提起下文。

（3）主体。一般写形势和任务两部分。如当前形势的特点是什么，在这样的形势下都做了哪些工作，完成了哪些任务，今后还要完成哪些任务以及怎样完成任务等。为了条理清楚，一般把这一部分分成几个专题来写。

（4）结尾。一般写希望、要求和号召，主要是为了完成任务有针对性地提出有关希望和要求，以简短的、鼓舞人心的号召作结尾语。

（5）写作技巧和注意事项。一要考虑听讲的对象，做到有针对性，有的放矢。二要主题集中，条理分明，给人以深刻的印象。三要语言生动活泼，还要注意口语化，尽量使听众听得懂、记得住，句子不宜太长，篇幅不宜太长。

25. 什么是政审报告?

政审报告是党组织在调查、考核的基础上，对拟吸收入党的同志作出全面评价的重要材料，也是党委审批党员的主要依据之一。凡没有经过政治审查的，不能发展入党。

26. 写好政审报告有哪些方法和技巧?

（1）写作方法。政审报告一般由 5 个部分组成：一是发展对象的自然情况。如姓名、性别、民族、籍贯、出生年月、家庭出身、本人成分、文化程度、参加工作时间、现任职务等。二是本人简历。三是直系亲属及联系密切的主要社会关系情况。四是本人政治历史情况。五是本人现实表现情况，主要写其在政治、思想、工作、学习、作风等方面的表现，包括有哪些优点，在工作、学习等方面作出了哪些成绩，群众基础如何；根据党员的标准衡量，还有哪些差距；等等。最后要注意落款，写明支部名称，材料形成时间，加盖支部章 (支部无公章的由支部书记签名盖章)。

（2）写作技巧和注意事项。一要注意平时材料的积累。正确中肯的评价，来源于日常的考察了解。党组织一定要坚持对入党积极分子的定期考察制度，并注意积累有关材料，如入党积极分子的思想汇报，培养人考察写实材料或填写的考察登记表，以及组织上定期对入党积极分子的分析意见等。二要坚持实事求是的原则。现实表现情况不能只写优点、成绩，不写缺点、错误，否则会使要求入党的同志产生盲目乐观情绪，会使党组织和党员放松对他的帮助教育。要通过事例反映入党积极分子的思想觉悟和全心全意为人民服务的思想，反映工作实绩和取得的成绩，少用抽象概括性语言。三要结论有证据。特别是关于本人、主要亲属的政治历史和在重大政治斗争中的表现、所有外调的证明材料与调查汇报材料要吻合。

27. 什么是组织鉴定？

组织鉴定是党支部对党员在各方面的表现所做的书面评定。一般适用于党员工作调动、职务变动、民主评议党员或考察总结的时候。组织鉴定关系到党员的政治生命，党支部一定要认真慎重，实事求是地客观评定被鉴定的党员。

28. 写好组织鉴定有哪些方法和技巧？

组织鉴定由标题、正文、党支部盖章、日期等组成。组织鉴定的内容主要是党员在各方面的基本表现，如主要的优点、缺点等。组织鉴定应同被鉴定党员本人见面，允许被鉴定党员提出自己的意见。组织鉴定要存入党员个人档案。

附　录

中国共产党章程

（中国共产党第二十次全国代表大会部分修改，
2022 年 10 月 22 日通过）

总　纲

中国共产党是中国工人阶级的先锋队，同时是中国人民和中华民族的先锋队，是中国特色社会主义事业的领导核心，代表中国先进生产力的发展要求，代表中国先进文化的前进方向，代表中国最广大人民的根本利益。党的最高理想和最终目标是实现共产主义。

中国共产党以马克思列宁主义、毛泽东思想、邓小平理论、“三个代表”重要思想、科学发展观、习近平新时代中国特色社会主义思想作为自己的行动指南。

马克思列宁主义揭示了人类社会历史发展的规律，它的基本原理是正确的，具有强大的生命力。中国共产党人追求的共产主义最高理想，只有在社会主义社会充分发展和高度发达的基础上才能实现。社会主义制度的发展和完善是一个长期的历史过程。坚持马克思列宁主义的基本原理，走中国人民自愿选择的适合中国国情的道路，中国的社会主义事业必将取得最终的胜利。

以毛泽东同志为主要代表的中国共产党人，把马克思列宁主义的基本原理同中国革命的具体实践结合起来，创立了毛泽东思想。毛泽东思想是马克思列宁主义在中国的运用和发展，是被实践证明了的关于中国革命和建设的正确的理论原则和经验总结，是中国共产党集体智慧的结晶。在毛泽东思想指引下，中国共产党领导全国各族人民，经过长期的反对帝国主义、封建主义、官僚资本主义的革命斗争，取得了新民主主义革命的胜利，建立了人民民主专政的中华人民共和国；新中国成立以后，顺利地进行了社会主义改造，完成了从新民主主义到社会主义的过渡，确立了社会主义基本制度，发展了社会主义的经济、政治和文化。

十一届三中全会以来，以邓小平同志为主要代表的中国共产党人，总结新中国成立以来正反两方面的经验，解放思想，实事求是，实现全党工作中心向经济建设的转移，实行改革开放，开辟了社会主义事业发展的新时期，逐步形成了建设中国特色社会主义的路线、方针、政策，阐明了在中国建设社会主义、巩固和发展社会主义的基本问题，创立了邓小平理论。邓小平理论是马克思列宁主义的基本原理同当代中国实践和时代特征相结合的产物，是毛泽东思想在新的历史条件下的继承和发展，是马克思主义在中国发展的新阶段，是当代中国的马克思主义，是中国共产党集体智慧的结晶，引导着我国社会主义现代化事业不断前进。

十三届四中全会以来，以江泽民同志为主要代表的中国共产党人，在建设中国特色社会主义的实践中，加深了对什么是社会主义、怎样建设社会主义和建设什么样的党、怎样建设党的认识，积累了治党治国新的宝贵经验，形成了“三个代表”重要思想。“三个代表”重要思想是对马克思列宁主义、毛泽东思想、邓小平理论的继承和发展，反映了当代世界和中国的发展变化对党和国家工作的新要求，是加强和改进党的建设、推进我国社会主义自我完善和发展的强大理论武器，是中国共产党集体智慧的结晶，是党必须长期坚持的指导思想。始终做到“三个代表”，是我们党的立党之本、执政之基、力量之源。

十六大以来，以胡锦涛同志为主要代表的中国共产党人，坚持以邓小平理论和“三个代表”重要思想为指导，根据新的发展要求，深刻认识和回答了新形势下实现什么样的发展、怎样发展等重大问题，形成了以人为本、全面协调可持续发展的科学发展观。科学发展观是同马克思列宁主义、毛泽东思想、邓小平理论、“三个代表”重要思想既一脉相承又与时俱进的科学理论，是马克思主义关于发展的世界观和方法论的集中体现，是马克思主义中国化重大成果，是中国共产党集体智慧的结晶，是发展中国特色社会主义必须长期坚持的指导思想。

十八大以来，以习近平同志为主要代表的中国共产党人，坚持把马克思主义基本原理同中国具体实际相结合、同中华优秀传统文化相结合，科学回答了新时代坚持和发展什么样的中国特色社会主义、怎样坚持和发展中国特色社会主义等重大时代课题，创立了习近平新时代中国特色社会主义思想。习近平新时代中国特色社会主义思想是对马克思列宁主义、毛泽东思想、邓小平理论、“三个代表”重要思想、科学发展观的继承和发展，是当代中国马克思主义、二十一世纪马克思主义，是中华文化和中国精神的时代精华，是党和人民实践经验和集体智慧的结晶，是中国特色社会主义理论体系的重要组成部分，是全党全国人民为实现中华民族伟大复兴而奋斗的行动指南，必须长期坚持并不断发展。在习近平新时代中国特色社会主义思想指导下，中国共产党领导全国各族人民，统揽伟大斗争、伟大工程、伟大事业、伟大梦想，推动中国特色社会主义进入了新时代，实现第一个百年奋斗目标，开启了实现第二个百年奋斗目标新征程。

改革开放以来我们取得一切成绩和进步的根本原因，归结起来就是：开辟了中国特色社会主义道路，形成了中国特色社会主义理论体系，确立了中国特色社会主义制度，发展了中国特色社会主义文化。全党同志要倍加珍惜、长期坚持和不断发展党历经艰辛开创的这条道路、这个理论体系、这个制度、这个文化，高举中国特色社会主义伟大旗帜，坚定道路自信、理论自信、制度自信、文化自信，发扬斗争精神，增强斗争本领，贯彻党的基本理论、基本路线、基本方略，为实现推进现代化建设、完成祖国统一、维护世界和平与促进共同发展这三大历史任务，实现第二个百年奋斗目标、实现中华民族伟大复兴的中国梦而奋斗。

中国共产党自成立以来，始终把为中国人民谋幸福、为中华民族谋复兴作为自己的初心使命，历经百年奋斗，从根本上改变了中国人民的前途命运，开辟了实现中华民族伟大复兴的正确道路，展示了马克思主义的强大生命力，深刻影响了世界历史进程，锻造了走在时代前列的中国共产党。经过长期实践，积累了坚持党的领导、坚持人民至上、坚持理论创新、坚持独立自主、坚持中国道路、坚持胸怀天下、坚持开拓创新、坚持敢于斗争、坚持统一战线、坚持自我革命的宝贵历史经验，这是党和人民共同创造的精神财富，必须倍加珍惜、长期坚持，并在实践中不断丰富和发展。

我国正处于并将长期处于社会主义初级阶段。这是在原本经济文化落后的中国建设社会主义现代化不可逾越的历史阶段，需要上百年的时间。我国的社会主义建设，必须从我国的国情出发，走中国特色社会主义道路，以中国式现代化全面推进中华民族伟大复兴。在现阶段，我国社会的主要矛盾是人民日益增长的美好生活需要和不平衡不充分的发展之间的矛盾。由于国内的因素和国际的影响，阶级斗争还在一定范围内长期存在，在某种条件下还有可能激化，但已经不是主要矛盾。我国社会主义建设的根本任务，是进一步解放生产力，发展生产力，逐步实现社会主义现代化，并且为此而改革生产关系和上层建筑中不适应生产力发展的方面和环节。必须坚持和完善公有制为主体、多种所有制经济共同发展，按劳分配为主体、多种分配方式并存，社会主义市场经济体制等基本经济制度，鼓励一部分地区和一部分人先富起来，逐步实现全体人民共同富裕，在生产发展和社会财富增长的基础上不断满足人民日益增长的美好生活需要，促进人的全面发展。发展是我们党执政兴国的第一要务。必须坚持以人民为中心的发展思想，把握新发展阶段，贯彻创新、协调、绿色、开放、共享的新发展理念，加快构建以国内大循环为主体、国内国际双循环相互促进的新发展格局，推动高质量发展。各项工作都要把有利于发展社会主义社会的生产力，有利于增强社会主义国家的综合国力，有利于提高人民的生活水平，作为总的出发点和检验标准，尊重劳动、尊重知识、尊重人才、尊重创造，做到发展为了人民、发展依靠人民、发展成果由人民共享。必须按照中国特色社会主义事业"五位一体"总体布局和"四个全面"战略布局，统筹推进经济建设、政治建设、文化建设、社会建设、生态文明建设，协调推进全面建设社会主义现代化国家、全面深化改革、全面依法治国、全面从严治党。新时代新征程，经济和社会发展的战略目标是，到二〇三五年基本实现社会主义现代化，到本世纪中叶把我国建成社会主义现代化强国。

中国共产党在社会主义初级阶段的基本路线是：领导和团结全国各族人民，以经济建设为中心，坚持四项基本原则，坚持改革开放，自力更生，艰苦创业，为把我国建设成为富强民主文明和谐美丽的社会主义现代化强国而奋斗。

中国共产党在领导社会主义事业中，必须坚持以经济建设为中心，其他各项工作都服从和服务于这个中心。要实施科教兴国战略、人才强国战略、创新驱动发展战略、乡村振兴战略、区域协调发展战略、可持续发展战略、军民融合发展战略，充分发挥科学技术作为第一生产力的作用，充分发挥人才作为第一资源的作用，充分发挥创新作为引领发展第一动力的作用，依靠科技进步，提高劳动者素质，促进国民经济更高质量、更有效率、更加公平、更可持续、更为安全发展。

坚持社会主义道路、坚持人民民主专政、坚持中国共产党的领导、坚持马克思列宁主义毛泽东思想这四项基本原则，是我们的立国之本。在社会主义现代化建设的整个过程中，必须坚持四项基本原则，反对资产阶级自由化。

坚持改革开放，是我们的强国之路。只有改革开放，才能发展中国、发展社会主义、发展马克思主义。要全面深化改革，完善和发展中国特色社会主义制度，推进国家治理体系和治理能力现代化。要从根本上改革束缚生产力发展的经济体制，坚持和完善社会主义市场经济体制；与此相适应，要进行政治体制改革和其他领域的改革。要坚持对外开放的基本国策，吸收和借鉴人类社会创造的一切文明成果。改革开放应当大胆探索，勇于开拓，提高改革决策的科学性，更加注重改革的系统性、整体性、协同性，在实践中开创新路。

中国共产党领导人民发展社会主义市场经济。毫不动摇地巩固和发展公有制经济，毫不动摇地鼓励、支持、引导非公有制经济发展。发挥市场在资源配置中的决定性作用，更好发挥政府作用，建立完善的宏观调控体系。统筹城乡发展、区域发展、经济社会发展、人与自然和谐发展、国内发展和对外开放，调整经济结构，转变经济发展方式，推进供给侧结构性改革。促进新型工业化、信息化、城镇化、农业现代化同步发展，建设社会主义新农村，走中国特色新型工业化道路，建设创新型国家和世界科技强国。

中国共产党领导人民发展社会主义民主政治。坚持党的领导、人民当家作主、依法治国有机统一，走中国特色社会主义政治发展道路、中国特色社会主义法治道路，扩大社会主义民主，建设中国特色社会主义法治体系，建设社会主义法治国家，巩固人民民主专政，建设社会主义政治文明。坚持和完善人民代表大会制度、中国共产党领导的多党合作和政治协商制度、民族区域自治制度以及基层群众自治制度。发展更加广泛、更加充分、更加健全的全过程人民民主，推进协商民主广泛多层制度化发展，切实保障人民管理国家事务和社会事务、管理经济和文化事业的权利。尊重和保障人权。广开言路，建立健全民主选举、民主协商、民主决策、民主管理、民主监督的制度和程序。完善中国特色社会主义法律体系，加强法律实施工作，实现国家各项工作法治化。

中国共产党领导人民发展社会主义先进文化。建设社会主义精神文明，实行依法治国和以德治国相结合，提高全民族的思想道德素质和科学文化素质，为改革开放和社会主义现代化建设提供强大的思想保证、精神动力和智力支持，建设社会主义文化强国。加强社会主义核心价值体系建设，坚持马克思主义指导思想，树立中国特色社会主义共同理想，弘扬以爱国主义为核心的民族精神和以改革创新为核心的时代精神，培育和践行社会主义核心价值观，倡导社会主义荣辱观，增强民族自尊、自信和自强精神，抵御资本主义和封建主义腐朽思想的侵蚀，扫除各种社会丑恶现象，努力使我国人民成为有理想、有道德、有文化、有纪律的人民。对党员要进行共产主义远大理想教育。大力发展教育、科学、文化事业，推动中华优秀传统文化创造性转化、创新性发展，继承革命文化，发展社会主义先进文化，提高国家文化软实力。牢牢掌握意识形态工作领导权，不断巩固马克思主义在意识形态领域的指导地位，巩固全党全国人民团结奋斗的共同思想基础。

中国共产党领导人民构建社会主义和谐社会。按照民主法治、公平正义、诚信友爱、充满活力、安定有序、人与自然和谐相处的总要求和共同建设、共同享有的原则，以保障和改善民生为重点，解决好人民最关心、最直接、最现实的利益问题，使发展成果更多更公平惠及全体人民，不断增强人民群众获得感，努力形成全体人民各尽其能、各得其所而又和谐相处的局面。加强和创新社会治理。严格区分和正确处理敌我矛盾和人民内部矛盾这两类不同性质的矛盾。加强社会治安综合治理，依法坚决打击各种危害国家安全和利益、危害社会稳定和经济发展的犯罪活动和犯罪分子，保持社会长期稳定。坚持总体国家安全观，统筹发展和安全，坚决维护国家主权、安全、发展利益。

中国共产党领导人民建设社会主义生态文明。树立尊重自然、顺应自然、保护自然的生态文明理念，增强绿水青山就是金山银山的意识，坚持节约资源和保护环境的基本国策，坚持节约优先、保护优先、自然恢复为主的方针，坚持生产发展、生活富裕、生态良好的文明发展道路。着力建设资源节约型、环境友好型社会，实行最严格的生态环境保护制度，形成节约资源和保护环境的空间格局、产业结构、生产方式、生活方式，为人民创造良好生产生活环境，实现中华民族永续发展。

中国共产党坚持对人民解放军和其他人民武装力量的绝对领导，贯彻习近平强军思想，加强人民解放军的建设，坚持政治建军、改革强军、科技强军、人才强军、依法治军，建设一支听党指挥、能打胜仗、作风优良的人民军队，把人民军队建设成为世界一流军队，切实保证人民解放军有效履行新时代军队使命任务，充分发挥人民解放军在巩固国防、保卫祖国和参加社会主义现代化建设中的作用。

中国共产党维护和发展平等团结互助和谐的社会主义民族关系，积极培养、选拔少数民族干部，帮助少数民族和民族地区发展经济、文化和社会事业，铸牢中华民族共同体意识，实现各民族共同团结奋斗、共同繁荣发展。全面贯彻党的宗教工作基本方针，团结信教群众为经济社会发展作贡献。

中国共产党同全国各民族工人、农民、知识分子团结在一起，同各民主党派、无党派人士、各民族的爱国力量团结在一起，进一步发展和壮大由全体社会主义劳动者、社会主义事业的建设者、拥护社会主义的爱国者、拥护祖国统一和致力于中华民族伟大复兴的爱国者组成的最广泛的爱国统一战线。不断加强全国人民包括香港特别行政区同胞、澳门特别行政区同胞、台湾同胞和海外侨胞的团结。全面准确、坚定不移贯彻“一个国家、两种制度”的方针，促进香港、澳门长期繁荣稳定，坚决反对和遏制“台独”，完成祖国统一大业。

中国共产党坚持独立自主的和平外交政策，坚持和平发展道路，坚持互利共赢的开放战略，统筹国内国际两个大局，积极发展对外关系，努力为我国的改革开放和现代化建设争取有利的国际环境。在国际事务中，弘扬和平、发展、公平、正义、民主、自由的全人类共同价值，坚持正确义利观，维护我国的独立和主权，反对霸权主义和强权政治，维护世界和平，促进人类进步，推动构建人类命运共同体，推动建设持久和平、普遍安全、共同繁荣、开放包容、清洁美丽的世界。在互相尊重主权和领土完整、互不侵犯、互不干涉内政、平等互利、和平共处五项原则的基础上，发展我国同世界各国的关系。不断发展我国同周边国家的睦邻友好关系，加强同发展中国家的团结与合作。遵循共商共建共享原则，推进“一带一路”建设。按照独立自主、完全平等、互相尊重、互不干涉内部事务的原则，发展我党同各国共产党和其他政党的关系。

中国共产党要领导全国各族人民实现第二个百年奋斗目标、实现中华民族伟大复兴的中国梦，必须紧密围绕党的基本路线，坚持和加强党的全面领导，坚持党要管党、全面从严治党，弘扬坚持真理、坚守理想，践行初心、担当使命，不怕牺牲、英勇斗争，对党忠诚、不负人民的伟大建党精神，加强党的长期执政能力建设、先进性和纯洁性建设，以改革创新精神全面推进党的建设新的伟大工程，以党的政治建设为统领，全面推进党的政治建设、思想建设、组织建设、作风建设、纪律建设，把制度建设贯穿其中，深入推进反腐败斗争，全面提高党的建设科学化水平，以伟大自我革命引领伟大社会革命。坚持立党为公、执政为民，发扬党的优良传统和作风，不断提高党的领导水平和执政水平，提高拒腐防变和抵御风险的能力，不断增强自我净化、自我完善、自我革新、自我提高能力，不断增强党的阶级基础和扩大党的群众基础，不断提高党的创造力、凝聚力、战斗力，建设学习型、服务型、创新型的马克思主义执政党，使我们党始终走在时代前列，成为领导全国人民沿着中国特色社会主义道路不断前进的坚强核心。党的建设必须坚决实现以下六项基本要求：

第一，坚持党的基本路线。全党要用邓小平理论、“三个代表”重要思想、科学发展观、习近平新时代中国特色社会主义思想和党的基本路线统一思想，统一行动，并且毫不动摇地长期坚持下去。必须把改革开放同四项基本原则统一起来，全面落实党的基本路线，反对一切“左”的和右的错误倾向，要警惕右，但主要是防止“左”。必须提高政治判断力、政治领悟力、政治执行力，增强贯彻落实党的理论和路线方针政策的自觉性和坚定性。

第二，坚持解放思想，实事求是，与时俱进，求真务实。党的思想路线是一切从实际出发，理论联系实际，实事求是，在实践中检验真理和发展真理。全党必须坚持这条思想路线，积极探索，大胆试验，开拓创新，创造性地开展工作，不断研究新情况，总结新经验，解决新问题，在实践中丰富和发展马克思主义，推进马克思主义中国化时代化。

第三，坚持新时代党的组织路线。全面贯彻习近平新时代中国特色社会主义思想，以组织体系建设为重点，着力培养忠诚干净担当的高素质干部，着力集聚爱国奉献的各方面优秀人才，坚持德才兼备、以德为先、任人唯贤，为坚持和加强党的全面领导、坚持和发展中国特色社会主义提供坚强组织保证。全党必须增强党组织的政治功能和组织功能，培养选拔党和人民需要的好干部，培养和造就大批堪当时代重任的社会主义事业接班人，聚天下英才而用之，从组织上保证党的基本理论、基本路线、基本方略的贯彻落实。

第四，坚持全心全意为人民服务。党除了工人阶级和最广大人民群众的利益，没有自己特殊的利益。党在任何时候都把群众利益放在第一位，同群众同甘共苦，保持最密切的联系，坚持权为民所用、情为民所系、利为民所谋，不允许任何党员脱离群众，凌驾于群众之上。我们党的最大政治优势是密切联系群众，党执政后的最大危险是脱离群众。党风问题、党同人民群众联系问题是关系党生死存亡的问题。党在自己的工作中实行群众路线，一切为了群众，一切依靠群众，从群众中来，到群众中去，把党的正确主张变为群众的自觉行动。

第五，坚持民主集中制。民主集中制是民主基础上的集中和集中指导下的民主相结合。它既是党的根本组织原则，也是群众路线在党的生活中的运用。必须充分发扬党内民主，尊重党员主体地位，保障党员民主权利，发挥各级党组织和广大党员的积极性创造性。必须实行正确的集中，牢固树立政治意识、大局意识、核心意识、看齐意识，坚定维护以习近平同志为核心的党中央权威和集中统一领导，保证全党的团结统一和行动一致，保证党的决定得到迅速有效的贯彻执行。加强和规范党内政治生活，增强党内政治生活的政治性、时代性、原则性、战斗性，发展积极健康的党内政治文化，营造风清气正的良好政治生态。党在自己的政治生活中正确地开展批评和自我批评，在原则问题上进行思想斗争，坚持真理，修正错误。努力造成又有集中又有民主，又有纪律又有自由，又有统一意志又有个人心情舒畅生动活泼的政治局面。

第六，坚持从严管党治党。全面从严治党永远在路上，党的自我革命永远在路上。新形势下，党面临的执政考验、改革开放考验、市场经济考验、外部环境考验是长期的、复杂的、严峻的，精神懈怠危险、能力不足危险、脱离群众危险、消极腐败危险更加尖锐地摆在全党面前。要把严的标准、严的措施贯穿于管党治党全过程和各方面。坚持依规治党、标本兼治，不断健全党内法规体系，坚持把纪律挺在前面，加强组织性纪律性，在党的纪律面前人人平等。强化全面从严治党主体责任和监督责任，加强对党的领导机关和党员领导干部特别是主要领导干部的监督，不断完善党内监督体系。深入推进党风廉政建设和反腐败斗争，以零容忍态度惩治腐败，一体推进不敢腐、不能腐、不想腐。

中国共产党的领导是中国特色社会主义最本质的特征，是中国特色社会主义制度的最大优势，党是最高政治领导力量。党政军民学，东西南北中，党是领导一切的。党要适应改革开放和社会主义现代化建设的要求，坚持科学执政、民主执政、依法执政，加强和改善党的领导。党必须按照总揽全局、协调各方的原则，在同级各种组织中发挥领导核心作用。党必须集中精力领导经济建设，组织、协调各方面的力量，同心协力，围绕经济建设开展工作，促进经济社会全面发展。党必须实行民主的科学的决策，制定和执行正确的路线、方针、政策，做好党的组织工作和宣传教育工作，发挥全体党员的先锋模范作用。党必须在宪法和法律的范围内活动。党必须保证国家的立法、司法、行政、监察机关，经济、文化组织和人民团体积极主动地、独立负责地、协调一致地工作。党必须加强对工会、共产主义青年团、妇女联合会等群团组织的领导，使它们保持和增强政治性、先进性、群众性，充分发挥作用。党必须适应形势的发展和情况的变化，完善领导体制，改进领导方式，增强执政能力。共产党员必须同党外群众亲密合作，共同为建设中国特色社会主义而奋斗。

第一章 党 员

第一条 年满十八岁的中国工人、农民、军人、知识分子和其他社会阶层的先进分子，承认党的纲领和章程，愿意参加党的一个组织并在其中积极工作、执行党的决议和按期交纳党费的，可以申请加入中国共产党。

第二条 中国共产党党员是中国工人阶级的有共产主义觉悟的先锋战士。

中国共产党党员必须全心全意为人民服务，不惜牺牲个人的一切，为实现共产主义奋斗终身。

中国共产党党员永远是劳动人民的普通一员。除了法律和政策规定范围内的个人利益和工作职权以外，所有共产党员都不得谋求任何私利和特权。

第三条 党员必须履行下列义务：

（一）认真学习马克思列宁主义、毛泽东思想、邓小平理论、“三个代表”重要思想、科学发展观、习近平新时代中国特色社会主义思想，学习党的路线、方针、政策和决议，学习党的基本知识和党的历史，学习科学、文化、法律和业务知识，努力提高为人民服务的本领。

（二）增强“四个意识”、坚定“四个自信”、做到“两个维护”，贯彻执行党的基本路线和各项方针、政策，带头参加改革开放和社会主义现代化建设，带动群众为经济发展和社会进步艰苦奋斗，在生产、工作、学习和社会生活中起先锋模范作用。

（三）坚持党和人民的利益高于一切，个人利益服从党和人民的利益，吃苦在前，享受在后，克己奉公，多做贡献。

（四）自觉遵守党的纪律，首先是党的政治纪律和政治规矩，模范遵守国家的法律法规，严格保守党和国家的秘密，执行党的决定，服从组织分配，积极完成党的任务。

（五）维护党的团结和统一，对党忠诚老实，言行一致，坚决反对一切派别组织和小集团活动，反对阳奉阴违的两面派行为和一切阴谋诡计。

（六）切实开展批评和自我批评，勇于揭露和纠正违反党的原则的言行和工作中的缺点、错误，坚决同消极腐败现象作斗争。

（七）密切联系群众，向群众宣传党的主张，遇事同群众商量，及时向党反映群众的意见和要求，维护群众的正当利益。

（八）发扬社会主义新风尚，带头实践社会主义核心价值观和社会主义荣辱观，提倡共产主义道德，弘扬中华民族传统美德，为了保护国家和人民的利益，在一切困难和危险的时刻挺身而出，英勇斗争，不怕牺牲。

第四条 党员享有下列权利：

（一）参加党的有关会议，阅读党的有关文件，接受党的教育和培训。

（二）在党的会议上和党报党刊上，参加关于党的政策问题的讨论。

（三）对党的工作提出建议和倡议。

（四）在党的会议上有根据地批评党的任何组织和任

何党员，向党负责地揭发、检举党的任何组织和任何党员违法乱纪的事实，要求处分违法乱纪的党员，要求罢免或撤换不称职的干部。

（五）行使表决权、选举权，有被选举权。

（六）在党组织讨论决定对党员的党纪处分或作出鉴定时，本人有权参加和进行申辩，其他党员可以为他作证和辩护。

（七）对党的决议和政策如有不同意见，在坚决执行的前提下，可以声明保留，并且可以把自己的意见向党的上级组织直至中央提出。

（八）向党的上级组织直至中央提出请求、申诉和控告，并要求有关组织给以负责的答复。

党的任何一级组织直至中央都无权剥夺党员的上述权利。

第五条 发展党员，必须把政治标准放在首位，经过党的支部，坚持个别吸收的原则。

申请入党的人，要填写入党志愿书，要有两名正式党员作介绍人，要经过支部大会通过和上级党组织批准，并且经过预备期的考察，才能成为正式党员。

介绍人要认真了解申请人的思想、品质、经历和工作表现，向他解释党的纲领和党的章程，说明党员的条件、义务和权利，并向党组织作出负责的报告。

党的支部委员会对申请入党的人，要注意征求党内外有关群众的意见，进行严格的审查，认为合格后再提交支部大会讨论。

上级党组织在批准申请人入党以前，要派人同他谈话，作进一步的了解，并帮助他提高对党的认识。

在特殊情况下，党的中央和省、自治区、直辖市委员会可以直接接收党员。

第六条 预备党员必须面向党旗进行入党宣誓。誓词如下：我志愿加入中国共产党，拥护党的纲领，遵守党的章程，履行党员义务，执行党的决定，严守党的纪律，保守党的秘密，对党忠诚，积极工作，为共产主义奋斗终身，随时准备为党和人民牺牲一切，永不叛党。

第七条 预备党员的预备期为一年。党组织对预备党员应当认真教育和考察。

预备党员的义务同正式党员一样。预备党员的权利，除了没有表决权、选举权和被选举权以外，也同正式党员一样。

预备党员预备期满，党的支部应当及时讨论他能否转为正式党员。认真履行党员义务，具备党员条件的，应当按期转为正式党员；需要继续考察和教育的，可以延长预备期，但不能超过一年；不履行党员义务，不具备党员条件的，应当取消预备党员资格。预备党员转为正式党员，或延长预备期，或取消预备党员资格，都应当经支部大会讨论通过和上级党组织批准。

预备党员的预备期，从支部大会通过他为预备党员之日算起。党员的党龄，从预备期满转为正式党员之日算起。

第八条 每个党员，不论职务高低，都必须编入党的一个支部、小组或其他特定组织，参加党的组织生活，接受党内外群众的监督。党员领导干部还必须参加党委、党组的民主生活会。不允许有任何不参加党的组织生活、不接受党内外群众监督的特殊党员。

第九条 党员有退党的自由。党员要求退党，应当经支部大会讨论后宣布除名，并报上级党组织备案。

党员缺乏革命意志，不履行党员义务，不符合党员条件，党的支部应当对他进行教育，要求他限期改正；经教育仍无转变的，应当劝他退党。劝党员退党，应当经支部大会讨论决定，并报上级党组织批准。如被劝告退党的党员坚持不退，应当提交支部大会讨论，决定把他除名，并报上级党组织批准。

党员如果没有正当理由，连续六个月不参加党的组织生活，或不交纳党费，或不做党所分配的工作，就被认为是自行脱党。支部大会应当决定把这样的党员除名，并报上级党组织批准。

第二章　党的组织制度

第十条　党是根据自己的纲领和章程，按照民主集中制组织起来的统一整体。党的民主集中制的基本原则是：

（一）党员个人服从党的组织，少数服从多数，下级组织服从上级组织，全党各个组织和全体党员服从党的全国代表大会和中央委员会。

（二）党的各级领导机关，除它们派出的代表机关和在非党组织中的党组外，都由选举产生。

（三）党的最高领导机关，是党的全国代表大会和它所产生的中央委员会。党的地方各级领导机关，是党的地方各级代表大会和它们所产生的委员会。党的各级委员会向同级的代表大会负责并报告工作。

（四）党的上级组织要经常听取下级组织和党员群众的意见，及时解决他们提出的问题。党的下级组织既要向上级组织请示和报告工作，又要独立负责地解决自己职责范围内的问题。上下级组织之间要互通情报、互相支持和互相监督。党的各级组织要按规定实行党务公开，使党员对党内事务有更多的了解和参与。

（五）党的各级委员会实行集体领导和个人分工负责相结合的制度。凡属重大问题都要按照集体领导、民主集中、个别酝酿、会议决定的原则，由党的委员会集体讨论，作出决定；委员会成员要根据集体的决定和分工，切实履行自己的职责。

（六）党禁止任何形式的个人崇拜。要保证党的领导人的活动处于党和人民的监督之下，同时维护一切代表党和人民利益的领导人的威信。

第十一条 党的各级代表大会的代表和委员会的产生，要体现选举人的意志。选举采用无记名投票的方式。候选人名单要由党组织和选举人充分酝酿讨论。可以直接采用候选人数多于应选人数的差额选举办法进行正式选举。也可以先采用差额选举办法进行预选，产生候选人名单，然后进行正式选举。选举人有了解候选人情况、要求改变候选人、不选任何一个候选人和另选他人的权利。任何组织和个人不得以任何方式强迫选举人选举或不选举某个人。

党的地方各级代表大会和基层代表大会的选举，如果发生违反党章的情况，上一级党的委员会在调查核实后，应作出选举无效和采取相应措施的决定，并报再上一级党的委员会审查批准，正式宣布执行。

党的各级代表大会代表实行任期制。

第十二条 党的中央和地方各级委员会在必要时召集代表会议，讨论和决定需要及时解决的重大问题。代表会议代表的名额和产生办法，由召集代表会议的委员会决定。

第十三条 凡是成立党的新组织，或是撤销党的原有组织，必须由上级党组织决定。

在党的地方各级代表大会和基层代表大会闭会期间，上级党的组织认为有必要时，可以调动或者指派下级党组织的负责人。

党的中央和地方各级委员会可以派出代表机关。

第十四条 党的中央和省、自治区、直辖市委员会实行巡视制度，在一届任期内，对所管理的地方、部门、企事业单位党组织实现巡视全覆盖。

中央有关部委和国家机关部门党组（党委）根据工作需要，开展巡视工作。

党的市（地、州、盟）和县（市、区、旗）委员会建立巡察制度。

第十五条 党的各级领导机关，对同下级组织有关的重要问题作出决定时，在通常情况下，要征求下级组织的意见。要保证下级组织能够正常行使他们的职权。凡属应由下级组织处理的问题，如无特殊情况，上级领导机关不要干预。

第十六条 有关全国性的重大政策问题，只有党中央有权作出决定，各部门、各地方的党组织可以向中央提出建议，但不得擅自作出决定和对外发表主张。

党的下级组织必须坚决执行上级组织的决定。下级组织如果认为上级组织的决定不符合本地区、本部门的实际情况，可以请求改变；如果上级组织坚持原决定，下级组织必须执行，并不得公开发表不同意见，但有权向再上一级组织报告。

党的各级组织的报刊和其他宣传工具，必须宣传党的路线、方针、政策和决议。

第十七条 党组织讨论决定问题，必须执行少数服从多数的原则。决定重要问题，要进行表决。对于少数人的不同意见，应当认真考虑。如对重要问题发生争论，双方人数接近，除了在紧急情况下必须按多数意见执行外，应当暂缓作出决定，进一步调查研究，交换意见，下次再表决；在特殊情况下，也可将争论情况向上级组织报告，请求裁决。

党员个人代表党组织发表重要主张，如果超出党组织已有决定的范围，必须提交所在的党组织讨论决定，或向上级党组织请示。任何党员不论职务高低，都不能个人决定重大问题；如遇紧急情况，必须由个人作出决定时，事后要迅速向党组织报告。不允许任何领导人实行个人专断和把个人凌驾于组织之上。

第十八条 党的中央、地方和基层组织，都必须重视党的建设，经常讨论和检查党的宣传工作、教育工作、组织工作、纪律检查工作、群众工作、统一战线工作等，注意研究党内外的思想政治状况。

第三章 党的中央组织

第十九条 党的全国代表大会每五年举行一次，由中央委员会召集。中央委员会认为有必要，或者有三分之一以上的省一级组织提出要求，全国代表大会可以提前举行；如无非常情况，不得延期举行。

全国代表大会代表的名额和选举办法，由中央委员会决定。

第二十条 党的全国代表大会的职权是：

（一）听取和审查中央委员会的报告；

（二）审查中央纪律检查委员会的报告；

（三）讨论并决定党的重大问题；

（四）修改党的章程；

（五）选举中央委员会；

（六）选举中央纪律检查委员会。

第二十一条 党的全国代表会议的职权是：讨论和决定重大问题；调整和增选中央委员会、中央纪律检查委员会的部分成员。调整和增选中央委员及候补中央委员的数额，不得超过党的全国代表大会选出的中央委员及候补中央委员各自总数的五分之一。

第二十二条 党的中央委员会每届任期五年。全国代表大会如提前或延期举行，它的任期相应地改变。中央委员会委员和候补委员必须有五年以上的党龄。中央委员会委员和候补委员的名额，由全国代表大会决定。中央委员会委员出缺，由中央委员会候补委员按照得票多少依次递补。

中央委员会全体会议由中央政治局召集，每年至少举行一次。中央政治局向中央委员会全体会议报告工作，接受监督。

在全国代表大会闭会期间，中央委员会执行全国代表大会的决议，领导党的全部工作，对外代表中国共产党。

第二十三条 党的中央政治局、中央政治局常务委员会和中央委员会总书记，由中央委员会全体会议选举。

中央委员会总书记必须从中央政治局常务委员会委员中产生。

中央政治局和它的常务委员会在中央委员会全体会议闭会期间，行使中央委员会的职权。

中央书记处是中央政治局和它的常务委员会的办事机构；成员由中央政治局常务委员会提名，中央委员会全体会议通过。

中央委员会总书记负责召集中央政治局会议和中央政治局常务委员会会议，并主持中央书记处的工作。

党的中央军事委员会组成人员由中央委员会决定，中央军事委员会实行主席负责制。

每届中央委员会产生的中央领导机构和中央领导人，在下届全国代表大会开会期间，继续主持党的经常工作，直到下届中央委员会产生新的中央领导机构和中央领导人为止。

第二十四条　中国人民解放军的党组织，根据中央委员会的指示进行工作。中央军事委员会负责军队中党的工作和政治工作，对军队中党的组织体制和机构作出规定。

第四章　党的地方组织

第二十五条　党的省、自治区、直辖市的代表大会，设区的市和自治州的代表大会，县（旗）、自治县、不设区的市和市辖区的代表大会，每五年举行一次。

党的地方各级代表大会由同级党的委员会召集。在特殊情况下，经上一级委员会批准，可以提前或延期举行。

党的地方各级代表大会代表的名额和选举办法，由同级党的委员会决定，并报上一级党的委员会批准。

第二十六条 党的地方各级代表大会的职权是：

（一）听取和审查同级委员会的报告；

（二）审查同级纪律检查委员会的报告；

（三）讨论本地区范围内的重大问题并作出决议；

（四）选举同级党的委员会，选举同级党的纪律检查委员会。

第二十七条 党的省、自治区、直辖市、设区的市和自治州的委员会，每届任期五年。这些委员会的委员和候补委员必须有五年以上的党龄。

党的县（旗）、自治县、不设区的市和市辖区的委员会，每届任期五年。这些委员会的委员和候补委员必须有三年以上的党龄。

党的地方各级代表大会如提前或延期举行，由它选举的委员会的任期相应地改变。

党的地方各级委员会的委员和候补委员的名额，分别由上一级委员会决定。党的地方各级委员会委员出缺，由候补委员按照得票多少依次递补。

党的地方各级委员会全体会议，每年至少召开两次。

党的地方各级委员会在代表大会闭会期间，执行上级党组织的指示和同级党代表大会的决议，领导本地方的工作，定期向上级党的委员会报告工作。

第二十八条 党的地方各级委员会全体会议，选举常务委员会和书记、副书记，并报上级党的委员会批准。党的地方各级委员会的常务委员会，在委员会全体会议闭会期间，行使委员会职权；在下届代表大会开会期间，继续主持经常工作，直到新的常务委员会产生为止。

党的地方各级委员会的常务委员会定期向委员会全体会议报告工作，接受监督。

第二十九条 党的地区委员会和相当于地区委员会的组织，是党的省、自治区委员会在几个县、自治县、市范围内派出的代表机关。它根据省、自治区委员会的授权，领导本地区的工作。

第五章 党的基层组织

第三十条 企业、农村、机关、学校、医院、科研院所、街道社区、社会组织、人民解放军连队和其他基层单位，凡是有正式党员三人以上的，都应当成立党的基层组织。

党的基层组织，根据工作需要和党员人数，经上级党组织批准，分别设立党的基层委员会、总支部委员会、支部委员会。基层委员会由党员大会或代表大会选举产生，总支部委员会和支部委员会由党员大会选举产生，提出委员候选人要广泛征求党员和群众的意见。

第三十一条　党的基层委员会、总支部委员会、支部委员会每届任期三年至五年。基层委员会、总支部委员会、支部委员会的书记、副书记选举产生后，应报上级党组织批准。

第三十二条　党的基层组织是党在社会基层组织中的战斗堡垒，是党的全部工作和战斗力的基础。它的基本任务是：

（一）宣传和执行党的路线、方针、政策，宣传和执行党中央、上级组织和本组织的决议，充分发挥党员的先锋模范作用，积极创先争优，团结、组织党内外的干部和群众，努力完成本单位所担负的任务。

（二）组织党员认真学习马克思列宁主义、毛泽东思想、邓小平理论、“三个代表”重要思想、科学发展观、习近平新时代中国特色社会主义思想，推进“两学一做”学习教育、党史学习教育常态化制度化，学习党的路线、方针、政策和决议，学习党的基本知识，学习科学、文化、法律和业务知识。

（三）对党员进行教育、管理、监督和服务，提高党员素质，坚定理想信念，增强党性，严格党的组织生活，开展批评和自我批评，维护和执行党的纪律，监督党员切实履行义务，保障党员的权利不受侵犯。加强和改进流动党员管理。

（四）密切联系群众，经常了解群众对党员、党的工作的批评和意见，维护群众的正当权利和利益，做好群众的思想政治工作。

（五）充分发挥党员和群众的积极性创造性，发现、培养和推荐他们中间的优秀人才，鼓励和支持他们在改革开放和社会主义现代化建设中贡献自己的聪明才智。

（六）对要求入党的积极分子进行教育和培养，做好经常性的发展党员工作，重视在生产、工作第一线和青年中发展党员。

（七）监督党员干部和其他任何工作人员严格遵守国家法律法规，严格遵守国家的财政经济法规和人事制度，不得侵占国家、集体和群众的利益。

（八）教育党员和群众自觉抵制不良倾向，坚决同各种违纪违法行为作斗争。

第三十三条 街道、乡、镇党的基层委员会和村、社区党组织，统一领导本地区基层各类组织和各项工作，加强基层社会治理，支持和保证行政组织、经济组织和群众性自治组织充分行使职权。

国有企业党委（党组）发挥领导作用，把方向、管大局、保落实，依照规定讨论和决定企业重大事项。国有企业和集体企业中党的基层组织，围绕企业生产经营开展工作。保证监督党和国家的方针、政策在本企业的贯彻执行；支持股东会、董事会、监事会和经理（厂长）依法行使职权；全心全意依靠职工群众，支持职工代表大会开展工作；参与企业重大问题的决策；加强党组织的自身建设，领导思想政治工作、精神文明建设、统一战线工作和工会、共青团、妇女组织等群团组织。

非公有制经济组织中党的基层组织，贯彻党的方针政策，引导和监督企业遵守国家的法律法规，领导工会、共青团等群团组织，团结凝聚职工群众，维护各方的合法权益，促进企业健康发展。

社会组织中党的基层组织，宣传和执行党的路线、方针、政策，领导工会、共青团等群团组织，教育管理党员，引领服务群众，推动事业发展。

实行行政领导人负责制的事业单位中党的基层组织，

发挥战斗堡垒作用。实行党委领导下的行政领导人负责制的事业单位中党的基层组织，对重大问题进行讨论和作出决定，同时保证行政领导人充分行使自己的职权。

各级党和国家机关中党的基层组织，协助行政负责人完成任务，改进工作，对包括行政负责人在内的每个党员进行教育、管理、监督，不领导本单位的业务工作。

第三十四条 党支部是党的基础组织，担负直接教育党员、管理党员、监督党员和组织群众、宣传群众、凝聚群众、服务群众的职责。

第六章 党的干部

第三十五条 党的干部是党的事业的骨干，是人民的公仆，要做到忠诚干净担当。党按照德才兼备、以德为先的原则选拔干部，坚持五湖四海、任人唯贤，坚持事业为上、公道正派，反对任人唯亲，努力实现干部队伍的革命化、年轻化、知识化、专业化。

党重视教育、培训、选拔、考核和监督干部，特别是培养、选拔优秀年轻干部。积极推进干部制度改革。

党重视培养、选拔女干部和少数民族干部。

第三十六条 党的各级领导干部必须信念坚定、为民服务、勤政务实、敢于担当、清正廉洁，模范地履行本章程第三条所规定的党员的各项义务，并且必须具备以下的基本条件：

（一）具有履行职责所需要的马克思列宁主义、毛泽东思想、邓小平理论、“三个代表”重要思想、科学发展观的水平，带头贯彻落实习近平新时代中国特色社会主义思想，努力用马克思主义的立场、观点、方法分析和解决实际问题，坚持讲学习、讲政治、讲正气，经得起各种风浪的考验。

（二）具有共产主义远大理想和中国特色社会主义坚定信念，坚决执行党的基本路线和各项方针、政策，立志改革开放，献身现代化事业，在社会主义建设中艰苦创业，树立正确政绩观，做出经得起实践、人民、历史检验的实绩。

（三）坚持解放思想，实事求是，与时俱进，开拓创新，认真调查研究，能够把党的方针、政策同本地区、本部门的实际相结合，卓有成效地开展工作，讲实话，办实事，求实效。

（四）有强烈的革命事业心和政治责任感，有实践经验，有胜任领导工作的组织能力、文化水平和专业知识。

（五）正确行使人民赋予的权力，坚持原则，依法办事，清正廉洁，勤政为民，以身作则，艰苦朴素，密切联系群众，坚持党的群众路线，自觉地接受党和群众的批评和监督，加强道德修养，讲党性、重品行、作表率，做到自重、自省、自警、自励，反对形式主义、官僚主义、享乐主义和奢靡之风，反对特权思想和特权现象，反对任何滥用职权、谋求私利的行为。

（六）坚持和维护党的民主集中制，有民主作风，有全局观念，善于团结同志，包括团结同自己有不同意见的同志一道工作。

第三十七条 党员干部要善于同党外干部合作共事，尊重他们，虚心学习他们的长处。

党的各级组织要善于发现和推荐有真才实学的党外干部担任领导工作，保证他们有职有权，充分发挥他们的作用。

第三十八条 党的各级领导干部，无论是由民主选举产生的，或是由领导机关任命的，他们的职务都不是终身的，都可以变动或解除。

年龄和健康状况不适宜于继续担任工作的干部，应当按照国家的规定退、离休。

第七章 党的纪律

第三十九条 党的纪律是党的各级组织和全体党员必

须遵守的行为规则，是维护党的团结统一、完成党的任务的保证。党组织必须严格执行和维护党的纪律，共产党员必须自觉接受党的纪律的约束。

第四十条 党的纪律主要包括政治纪律、组织纪律、廉洁纪律、群众纪律、工作纪律、生活纪律。

坚持惩前毖后、治病救人，执纪必严、违纪必究，抓早抓小、防微杜渐，按照错误性质和情节轻重，给以批评教育、责令检查、诫勉直至纪律处分。运用监督执纪“四种形态”，让“红红脸、出出汗”成为常态，党纪处分、组织调整成为管党治党的重要手段，严重违纪、严重触犯刑律的党员必须开除党籍。

党内严格禁止用违反党章和国家法律的手段对待党员，严格禁止打击报复和诬告陷害。违反这些规定的组织或个人必须受到党的纪律和国家法律的追究。

第四十一条 对党员的纪律处分有五种：警告、严重警告、撤销党内职务、留党察看、开除党籍。

留党察看最长不超过两年。党员在留党察看期间没有表决权、选举权和被选举权。党员经过留党察看，确已改正错误的，应当恢复其党员的权利；坚持错误不改的，应当开除党籍。

开除党籍是党内的最高处分。各级党组织在决定或批准开除党员党籍的时候，应当全面研究有关的材料和意见，采取十分慎重的态度。

第四十二条 对党员的纪律处分，必须经过支部大会讨论决定，报党的基层委员会批准；如果涉及的问题比较重要或复杂，或给党员以开除党籍的处分，应分别不同情况，报县级或县级以上党的纪律检查委员会审查批准。在特殊情况下，县级和县级以上各级党的委员会和纪律检查委员会有权直接决定给党员以纪律处分。

对党的中央委员会委员、候补委员，给以警告、严重警告处分，由中央纪律检查委员会常务委员会审议后，报党中央批准。对地方各级党的委员会委员、候补委员，给以警告、严重警告处分，应由上一级纪律检查委员会批准，并报它的同级党的委员会备案。

对党的中央委员会和地方各级委员会的委员、候补委员，给以撤销党内职务、留党察看或开除党籍的处分，必须由本人所在的委员会全体会议三分之二以上的多数决定。在全体会议闭会期间，可以先由中央政治局和地方各级委员会常务委员会作出处理决定，待召开委员会全体会议时予以追认。对地方各级委员会委员和候补委员的上述处分，必须经过上级纪律检查委员会常务委员会审议，由这一级纪律检查委员会报同级党的委员会批准。

严重触犯刑律的中央委员会委员、候补委员，由中央政治局决定开除其党籍；严重触犯刑律的地方各级委员会委员、候补委员，由同级委员会常务委员会决定开除其党籍。

第四十三条　党组织对党员作出处分决定，应当实事求是地查清事实。处分决定所依据的事实材料和处分决定必须同本人见面，听取本人说明情况和申辩。如果本人对处分决定不服，可以提出申诉，有关党组织必须负责处理或者迅速转递，不得扣压。对于确属坚持错误意见和无理要求的人，要给以批评教育。

第四十四条　党组织如果在维护党的纪律方面失职，必须问责。

对于严重违犯党的纪律、本身又不能纠正的党组织，上一级党的委员会在查明核实后，应根据情节严重的程度，作出进行改组或予以解散的决定，并报再上一级党的委员会审查批准，正式宣布执行。

第八章　党的纪律检查机关

第四十五条　党的中央纪律检查委员会在党的中央委员会领导下进行工作。党的地方各级纪律检查委员会和基层纪律检查委员会在同级党的委员会和上级纪律检查委员会双重领导下进行工作。上级党的纪律检查委员会加强对下级纪律检查委员会的领导。

党的各级纪律检查委员会每届任期和同级党的委员会相同。

党的中央纪律检查委员会全体会议，选举常务委员会和书记、副书记，并报党的中央委员会批准。党的地方各级纪律检查委员会全体会议，选举常务委员会和书记、副书记，并由同级党的委员会通过，报上级党的委员会批准。党的基层委员会是设立纪律检查委员会，还是设立纪律检查委员，由它的上一级党组织根据具体情况决定。党的总支部委员会和支部委员会设纪律检查委员。

党的中央和地方纪律检查委员会向同级党和国家机关全面派驻党的纪律检查组，按照规定向有关国有企业、事业单位派驻党的纪律检查组。纪律检查组组长参加驻在单位党的领导组织的有关会议。他们的工作必须受到该单位党的领导组织的支持。

第四十六条 党的各级纪律检查委员会是党内监督专责机关，主要任务是：维护党的章程和其他党内法规，检查党的路线、方针、政策和决议的执行情况，协助党的委员会推进全面从严治党、加强党风建设和组织协调反腐败工作，推动完善党和国家监督体系。

党的各级纪律检查委员会的职责是监督、执纪、问责，要经常对党员进行遵守纪律的教育，作出关于维护党纪的决定；对党的组织和党员领导干部履行职责、行使权力进行监督，受理处置党员群众检举举报，开展谈话提醒、约谈函询；检查和处理党的组织和党员违反党的章程和其他党内法规的比较重要或复杂的案件，决定或取消对这些案件中的党员的处分；进行问责或提出责任追究的建议；受理党员的控告和申诉；保障党员的权利。

各级纪律检查委员会要把处理特别重要或复杂的案件中的问题和处理的结果，向同级党的委员会报告。党的地方各级纪律检查委员会和基层纪律检查委员会要同时向上级纪律检查委员会报告。

各级纪律检查委员会发现同级党的委员会委员有违犯党的纪律的行为，可以先进行初步核实，如果需要立案检查的，应当在向同级党的委员会报告的同时向上一级纪律检查委员会报告；涉及常务委员的，报告上一级纪律检查委员会，由上一级纪律检查委员会进行初步核实，需要审查的，由上一级纪律检查委员会报它的同级党的委员会批准。

第四十七条　上级纪律检查委员会有权检查下级纪律检查委员会的工作，并且有权批准和改变下级纪律检查委员会对于案件所作的决定。如果所要改变的该下级纪律检查委员会的决定，已经得到它的同级党的委员会的批准，这种改变必须经过它的上一级党的委员会批准。

党的地方各级纪律检查委员会和基层纪律检查委员会如果对同级党的委员会处理案件的决定有不同意见，可以请求上一级纪律检查委员会予以复查；如果发现同级党的委员会或它的成员有违犯党的纪律的情况，在同级党的委员会不给予解决或不给予正确解决的时候，有权向上级纪律检查委员会提出申诉，请求协助处理。

第九章 党 组

第四十八条 在中央和地方国家机关、人民团体、经济组织、文化组织和其他非党组织的领导机关中，可以成立党组。党组发挥领导作用。党组的任务，主要是负责贯彻执行党的路线、方针、政策；加强对本单位党的建设的领导，履行全面从严治党责任；讨论和决定本单位的重大问题；做好干部管理工作；讨论和决定基层党组织设置调整和发展党员、处分党员等重要事项；团结党外干部和群众，完成党和国家交给的任务；领导机关和直属单位党组织的工作。

第四十九条 党组的成员，由批准成立党组的党组织决定。党组设书记，必要时还可以设副书记。

党组必须服从批准它成立的党组织领导。

第五十条 在对下属单位实行集中统一领导的国家工作部门和有关单位的领导机关中，可以建立党委，党委的产生办法、职权和工作任务，由中央另行规定。

第十章 党和共产主义青年团的关系

第五十一条 中国共产主义青年团是中国共产党领导的先进青年的群团组织，是广大青年在实践中学习中国特色社会主义和共产主义的学校，是党的助手和后备军。共青团中央委员会受党中央委员会领导。共青团的地方各级组织受同级党的委员会领导，同时受共青团上级组织领导。

第五十二条 党的各级委员会要加强对共青团的领导，注意团的干部的选拔和培训。党要坚决支持共青团根据广大青年的特点和需要，生动活泼地、富于创造性地进行工作，充分发挥团的突击队作用和联系广大青年的桥梁作用。

团的县级和县级以下各级委员会书记，企业事业单位的团委员会书记，是党员的，可以列席同级党的委员会和常务委员会的会议。

第十一章　党徽党旗

第五十三条　中国共产党党徽为镰刀和锤头组成的图案。

第五十四条　中国共产党党旗为旗面缀有金黄色党徽图案的红旗。

第五十五条　中国共产党的党徽党旗是中国共产党的象征和标志。党的各级组织和每一个党员都要维护党徽党旗的尊严。要按照规定制作和使用党徽党旗。

中国共产党支部工作条例（试行）

（2018 年 9 月 21 日中共中央政治局会议审议批准
2018 年 10 月 28 日中共中央发布）

第一章　总　则

第一条　为了坚持和加强党的全面领导，弘扬“支部建在连上”光荣传统，落实党要管党、全面从严治党要求，全面提升党支部组织力，强化党支部政治功能，充分发挥党支部战斗堡垒作用，巩固党长期执政的组织基础，根据《中国共产党章程》和有关党内法规，制定本条例。

第二条　党支部是党的基础组织，是党组织开展工作的基本单元，是党在社会基层组织中的战斗堡垒，是党的全部工作和战斗力的基础，担负直接教育党员、管理党员、监督党员和组织群众、宣传群众、凝聚群众、服务群众的职责。

第三条　党支部工作必须遵循以下原则：

（一）坚持以马克思列宁主义、毛泽东思想、邓小平理论、“三个代表”重要思想、科学发展观、习近平新时代中国特色社会主义思想为指导，遵守党章，加强思想理论武装，坚定理想信念，不忘初心、牢记使命，始终保持先进性和纯洁性。

（二）坚持把党的政治建设摆在首位，牢固树立“四个意识”，坚定“四个自信”，做到“四个服从”，旗帜鲜明讲政治，坚决维护习近平总书记党中央的核心、全党的核心地位，坚决维护党中央权威和集中统一领导。

（三）坚持践行党的宗旨和群众路线，组织引领党员、群众听党话、跟党走，成为党员、群众的主心骨。

（四）坚持民主集中制，发扬党内民主，尊重党员主体地位，严肃党的纪律，提高解决自身问题的能力，增强生机活力。

（五）坚持围绕中心、服务大局，充分发挥积极性主动性创造性，确保党的路线方针政策和决策部署贯彻落实。

第二章　组织设置

第四条　党支部设置一般以单位、区域为主，以单独组建为主要方式。企业、农村、机关、学校、科研院所、社区、社会组织、人民解放军和武警部队连（中）队以及其他基层单位，凡是有正式党员 3 人以上的，都应当成立党支部。

党支部党员人数一般不超过 50 人。

第五条 结合实际创新党支部设置形式，使党的组织和党的工作全覆盖。

规模较大、跨区域的农民专业合作组织，专业市场、商业街区、商务楼宇等，符合条件的，应当成立党支部。

正式党员不足 3 人的单位，应当按照地域相邻、行业相近、规模适当、便于管理的原则，成立联合党支部。联合党支部覆盖单位一般不超过 5 个。

为期 6 个月以上的工程、工作项目等，符合条件的，应当成立党支部。

流动党员较多，工作地或者居住地相对固定集中，应当由流出地党组织商流入地党组织，依托园区、商会、行业协会、驻外地办事机构等成立流动党员党支部。

第六条 党支部的成立，一般由基层单位提出申请，所在乡镇（街道）或者单位基层党委召开会议研究决定并批复，批复时间一般不超过 1 个月。

基层党委审批同意后，基层单位召开党员大会选举产生党支部委员会或者不设委员会的党支部书记、副书记。批复和选举结果由基层党委报上级党委组织部门备案。

根据工作需要，上级党委可以直接作出在基层单位成立党支部的决定。

第七条 对因党员人数或者所在单位、区域等发生变化，不再符合设立条件的党支部，上级党组织应当及时予以调整或者撤销。

党支部的调整和撤销，一般由党支部报所在乡镇（街道）或者单位基层党委批准，也可以由所在乡镇（街道）或者单位基层党委直接作出决定，并报上级党委组织部门备案。

第八条 为执行某项任务临时组建的机构，党员组织关系不转接的，经上级党组织批准，可以成立临时党支部。

临时党支部主要组织党员开展政治学习，教育、管理、监督党员，对入党积极分子进行教育培养等，一般不发展党员、处分处置党员，不收缴党费，不选举党代表大会代表和进行换届。

临时党支部书记、副书记和委员由批准其成立的党组织指定。

临时组建的机构撤销后，临时党支部自然撤销。

第三章　基本任务

第九条 党支部的基本任务是：

（一）宣传和贯彻落实党的理论和路线方针政策，宣传和执行党中央、上级党组织及本党支部的决议。讨论决定或者参与决定本地区本部门本单位重要事项，充分发挥党员先锋模范作用，团结组织群众，努力完成本地区本部门本单位所担负的任务。

（二）组织党员认真学习马克思列宁主义、毛泽东思想、邓小平理论、“三个代表”重要思想、科学发展观、习近平新时代中国特色社会主义思想，推进“两学一做”学习教育常态化制度化，学习党的路线方针政策和决议，学习党的基本知识，学习科学、文化、法律和业务知识。做好思想政治工作和意识形态工作。

（三）对党员进行教育、管理、监督和服务，突出政治教育，提高党员素质，坚定理想信念，增强党性，严格党的组织生活，开展批评和自我批评，维护和执行党的纪律，监督党员切实履行义务，保障党员的权利不受侵犯。加强和改进流动党员管理。关怀帮扶生活困难党员和老党员。做好党费收缴、使用和管理工作。依规稳妥处置不合格党员。

（四）密切联系群众，向群众宣传党的政策，经常了解群众对党员、党的工作的批评和意见，了解群众诉求，维护群众的正当权利和利益，做好群众的思想政治工作，凝聚广大群众的智慧和力量。领导本地区本部门本单位工会、共青团、妇女组织等群团组织，支持它们依照各自章程独立负责地开展工作。

（五）对要求入党的积极分子进行教育和培养，做好经常性的发展党员工作，把政治标准放在首位，严格程序、严肃纪律，发展政治品质纯洁的党员。发现、培养和推荐党员、群众中间的优秀人才。

（六）监督党员干部和其他任何工作人员严格遵守国家法律法规，严格遵守国家的财政经济法规和人事制度，不得侵占国家、集体和群众的利益。

（七）实事求是对党的建设、党的工作提出意见建议，及时向上级党组织报告重要情况。教育党员、群众自觉抵制不良倾向，坚决同各种违纪违法行为作斗争。

（八）按照规定，向党员、群众通报党的工作情况，公开党内有关事务。

第十条 不同领域党支部结合实际，分别承担各自不同的重点任务：

（一）村党支部，全面领导隶属本村的各类组织和各项工作，围绕实施乡村振兴战略开展工作，组织带领农民群众发展集体经济，走共同富裕道路，领导村级治理，建设和谐美丽乡村。贫困村党支部应当动员和带领群众，全力打赢脱贫攻坚战。

（二）社区党支部，全面领导隶属本社区的各类组织和各项工作，围绕巩固党在城市执政基础、增进群众福祉开展工作，领导基层社会治理，组织整合辖区资源，服务社区群众、维护和谐稳定、建设美好家园。

（三）国有企业和集体企业中的党支部，保证监督党和国家方针政策的贯彻执行，围绕企业生产经营开展工作，按规定参与企业重大问题的决策，服务改革发展、凝聚职工群众、建设企业文化，创造一流业绩。

（四）高校中的党支部，保证监督党的教育方针贯彻落实，巩固马克思主义在高校意识形态领域的指导地位，加强思想政治引领，筑牢学生理想信念根基，落实立德树人根本任务，保证教学科研管理各项任务完成。

（五）非公有制经济组织中的党支部，引导和监督企业严格遵守国家法律法规，团结凝聚职工群众，依法维护各方合法权益，建设企业先进文化，促进企业健康发展。

（六）社会组织中的党支部，引导和监督社会组织依法执业、诚信从业，教育引导职工群众增强政治认同，引导和支持社会组织有序参与社会治理、提供公共服务、承担社会责任。

（七）事业单位中的党支部，保证监督改革发展正确方向，参与重要决策，服务人才成长，促进事业发展。事业单位中发挥领导作用的党支部，对重大问题进行讨论和作出决定。

（八）各级党和国家机关中的党支部，围绕服务中心、建设队伍开展工作，发挥对党员的教育、管理、监督作用，协助本部门行政负责人完成任务、改进工作。

（九）流动党员党支部，组织流动党员开展政治学习，过好组织生活，进行民主评议，引导党员履行党员义务，行使党员权利，充分发挥作用。对组织关系不在本党支部的流动党员民主评议等情况，应当通报其组织关系所在党支部。

（十）离退休干部职工党支部，宣传执行党的路线方针政策，根据党员实际情况，组织参加学习，开展党的组织生活，听取意见建议，引导他们结合自身实际发挥作用。

第四章　工作机制

第十一条　党支部党员大会是党支部的议事决策机构，由全体党员参加，一般每季度召开 1 次。

党支部党员大会的职权是：听取和审查党支部委员会的工作报告；按照规定开展党支部选举工作，推荐出席上级党代表大会的代表候选人，选举出席上级党代表大会的代表；讨论和表决接收预备党员和预备党员转正、延长预备期或者取消预备党员资格；讨论决定对党员的表彰表扬、组织处置和纪律处分；决定其他重要事项。

村、社区重要事项以及与群众利益密切相关的事项，必须经过党支部党员大会讨论。

党支部党员大会议题提交表决前，应当经过充分讨论。表决必须有半数以上有表决权的党员到会方可进行，赞成人数超过应到会有表决权的党员的半数为通过。

第十二条　党支部委员会是党支部日常工作的领导机构。

党支部委员会会议一般每月召开1次，根据需要可以随时召开，对党支部重要工作进行讨论、作出决定等。党支部委员会会议须有半数以上委员到会方可进行。重要事项提交党员大会决定前，一般应当经党支部委员会会议讨论。

第十三条　党员人数较多或者党员工作地、居住地比较分散的党支部，按照便于组织开展活动原则，应当划分若干党小组，并设立党小组组长。党小组组长由党支部指定，也可以由所在党小组党员推荐产生。

党小组主要落实党支部工作要求，完成党支部安排的任务。

党小组会一般每月召开1次，组织党员参加政治学习、谈心谈话、开展批评和自我批评等。

第十四条 党支部党员大会、党支部委员会会议由党支部书记召集并主持。书记不能参加会议的，可以委托副书记或者委员召集并主持。党小组会由党小组组长召集并主持。

第五章 组织生活

第十五条 党支部应当严格执行党的组织生活制度，经常、认真、严肃地开展批评和自我批评，增强党内政治生活的政治性、时代性、原则性、战斗性。

党员领导干部应当带头参加所在党支部或者党小组组织生活。

第十六条 党支部应当组织党员按期参加党员大会、党小组会和上党课，定期召开党支部委员会会议。

“三会一课”应当突出政治学习和教育，突出党性锻炼，以“两学一做”为主要内容，结合党员思想和工作实际，确定主题和具体方式，做到形式多样、氛围庄重。

党课应当针对党员思想和工作实际，回应普遍关心的问题，注重身边人讲身边事，增强吸引力感染力。党员领导干部应当定期为基层党员讲党课，党委（党组）书记每年至少讲 1 次党课。

党支部每月相对固定 1 天开展主题党日，组织党员集中学习、过组织生活、进行民主议事和志愿服务等。主题党日开展前，党支部应当认真研究确定主题和内容；开展后，应当抓好议定事项的组织落实。

对经党组织同意可以不转接组织关系的党员，所在单位党组织可以将其纳入一个党支部或者党小组，参加组织生活。

第十七条 党支部每年至少召开1次组织生活会，一般安排在第四季度，也可以根据工作需要随时召开。组织生活会一般以党支部党员大会、党支部委员会会议或者党小组会形式召开。

组织生活会应当确定主题，会前认真学习，谈心谈话，听取意见；会上查摆问题，开展批评和自我批评，明确整改方向；会后制定整改措施，逐一整改落实。

第十八条 党支部一般每年开展1次民主评议党员，组织党员对照合格党员标准、对照入党誓词，联系个人实际进行党性分析。

党支部召开党员大会，按照个人自评、党员互评、民主测评的程序，组织党员进行评议。党员人数较多的党支部，个人自评和党员互评可以在党小组范围内进行。党支部委员会会议或者党员大会根据评议情况和党员日常表现情况，提出评定意见。

民主评议党员可以结合组织生活会一并进行。

第十九条 党支部应当经常开展谈心谈话。党支部委员之间、党支部委员和党员之间、党员和党员之间，每年谈心谈话一般不少于 1 次。谈心谈话应当坦诚相见、交流思想、交换意见、帮助提高。

党支部应当注重分析党员思想状况和心理状态。对家庭发生重大变故和出现重大困难、身心健康存在突出问题等情况的党员，党支部书记应当帮助做好心理疏导；对受到处分处置以及有不良反映的党员，党支部书记应当有针对性地做好思想政治工作。

第六章 党支部委员会建设

第二十条 有正式党员 7 人以上的党支部，应当设立党支部委员会。党支部委员会由 3 至 5 人组成，一般不超过 7 人。

党支部委员会设书记和组织委员、宣传委员、纪检委员等，必要时可以设 1 名副书记。

正式党员不足 7 人的党支部，设 1 名书记，必要时可以设 1 名副书记。

第二十一条 村、社区党支部委员会每届任期 5 年，其他基层单位党支部委员会一般每届任期 3 年。

党支部委员会由党支部党员大会选举产生，党支部书记、副书记一般由党支部委员会会议选举产生，不设委员会的党支部书记、副书记由党支部党员大会选举产生。选出的党支部委员，报上级党组织备案；党支部书记、副书记，报上级党组织批准。党支部书记、副书记、委员出现空缺，应当及时进行补选。确有必要时，上级党组织可以指派党支部书记或者副书记。

建立健全党支部按期换届提醒督促机制。根据党组织隶属关系和干部管理权限，上级党组织对任期届满的党支部，一般提前 6 个月以发函或者电话通知等形式，提醒做好换届准备。对需要延期或者提前换届的，应当认真审核、从严把关，延长或者提前期限一般不超过 1 年。

第二十二条 党支部书记主持党支部全面工作，督促党支部其他委员履行职责、发挥作用，抓好党支部委员会自身建设，向党支部委员会、党员大会和上级党组织报告工作。

党支部副书记协助党支部书记开展工作。党支部其他委员按照职责分工开展工作。

第二十三条 党支部书记应当具备良好政治素质，热爱党的工作，具有一定的政策理论水平、组织协调能力和群众工作本领，敢于担当、乐于奉献，带头发挥先锋模范作用，在党员、群众中有较高威信，一般应当具有 1 年以上党龄。

第二十四条 上级党组织应当结合不同领域实际，突出政治标准，按照组织程序，采取多种方式，选拔符合条件的优秀党员担任党支部书记。

村、社区应当注重从带富能力强的村民、复员退伍军人、经商务工人员、乡村教师、乡村医生、社会工作者、大学生村官、退休干部职工等群体中选拔党支部书记。对没有合适人选的，上级党组织可以跨地域或者从机关和企事业单位选派党支部书记。根据工作需要，上级党组织可以选派优秀干部到村、社区担任党支部第一书记，指导、帮助党支部书记开展工作，主要承担建强党支部、推动中心工作、为民办事服务、提升治理水平等职责任务。符合条件的村、社区党支部书记可以通过法定程序担任村民委员会、居民委员会主任。

机关、国有企业、事业单位，党支部书记一般由本部门本单位主要负责人担任，也可以由本部门本单位其他负责人担任。根据工作需要，上级党组织可以选派党员干部担任专职党支部书记。

非公有制经济组织、社会组织，一般从管理层中选任党支部书记，应当注重从业务骨干中选拔党支部书记。没有合适人选的，可以由上级党组织选派党支部书记。

加强党支部书记后备队伍建设，注意发现优秀党员作为党支部书记后备人才培养，建立村、社区等领域党支部书记后备人才库。

第二十五条 上级党组织应当经常对党支部书记、副书记和其他委员进行培训。

党支部书记培训纳入党员、干部教育培训规划，对新任党支部书记应当进行任职培训。中央组织部组织开展党支部书记示范培训，地方、行业、系统一般根据党组织隶属关系，分层分类开展党支部书记全员轮训。党支部书记每年应当至少参加1次县级以上党组织举办的集中轮训。注意统筹安排，防止频繁参训，确保党支部书记做好日常工作。

对党支部书记、副书记和其他委员的培训应当突出党的基本理论、基本政策、基本知识及党务工作基本要求，党的优良传统和作风，党规党纪等内容。注重发挥优秀党支部书记传帮带作用。

第二十六条 注重从优秀村、社区党支部书记中选拔乡镇和街道领导干部，考录公务员和招聘事业单位人员。

培养树立党支部书记先进典型，对优秀党支部书记给予表彰表扬。

第二十七条 党支部委员会成员应当自觉接受上级党组织和党员、群众监督，加强互相监督。

党支部书记每年应当向上级党组织和党支部党员大会述职，接受评议考核，考核结果作为评先评优、选拔使用的重要依据。

第二十八条 建立持续整顿软弱涣散党支部工作机制。对不适宜担任党支部书记、副书记和委员职务的，上级党组织应当及时作出调整。对存在换届选举拉票贿选、宗族宗教和黑恶势力干扰渗透等问题的，上级党组织应当及时严肃处理。

第七章 领导和保障

第二十九条 各级党委（党组）应当把党支部建设作为最重要的基本建设，定期研究讨论、加强领导指导，切实履行主体责任。县级党委每年至少专题研究 1 次党支部建设工作。

各级党委（党组）书记应当带头建立党支部工作联系点，带头深入基层调查研究，发现和解决问题，总结推广经验。

第三十条 党委组织部门应当经常对党支部建设情况进行分析研判，加强分类指导和督促检查，扩大先进党支部增量，提升中间党支部水平，整顿后进党支部。加强党支部标准化、规范化建设。基层党委一般应当配备专兼职组织员，加强对党支部建设的具体指导。

各级党委组织部门应当注意通过党支部了解掌握党员干部日常表现，干部考察应当听取考察对象所在党支部的意见。

村、社区党支部书记纳入县级党委组织部备案管理。

第三十一条 村、社区党支部工作纳入县级党委巡察监督工作内容。

第三十二条 抓党支部建设情况应当列入各级党委书记抓基层党建工作述职评议考核的重要内容，作为评判其履行管党治党政治责任情况的重要依据。对抓党支部建设不力、各项工作不落实的，上级党委及其组织部门应当进行约谈。对党支部建设出现严重问题，党员、群众反映强烈的，应当按照规定严肃问责。

第三十三条 各级党组织应当为党支部开展工作提供必要条件，给予经费保障。增强村、社区党支部运转经费保障能力，落实村、社区党支部书记报酬待遇，并根据当地经济发展水平建立正常增长机制。给予非公有制经济组织和社会组织党支部工作经费支持。加强村、社区和园区等领域基层党组织活动场所建设，积极运用现代技术和信息化手段，充分发挥办公议事、开展党的活动、提供便民服务等综合功能。

县级以上党委管理的党费每年应当按照一定比例下拨到党支部，重点支持贫困村党支部、困难国有企业党支部、非公有制经济组织和社会组织党支部、流动党员党支部、离退休干部职工党支部等开展党的活动。

第八章　附　则

第三十四条　村、社区党的基层委员会、总支部委员会，按照本条例执行。

第三十五条　中央军事委员会可以根据本条例，制定相关规定。

第三十六条　本条例由中央组织部负责解释。

第三十七条　本条例自2018年10月28日起施行。其他有关党支部的规定与本条例不一致的，按照本条例执行。